まずやってみる
実践重視の
中学校社会科教育法

近藤裕幸 著

梓出版社

【はじめに】

（1）ごあいさつ

　この本は，中学校の社会科教員になりたいと思っている人のためのものです。高等学校地歴・公民科志望者でも部分的に使えます。

　ただ，この本は読むだけでは効果がありません。その理由は，読んで内容を暗記するだけの本ではないからです。よくみられる社会科（地歴科・公民科）教育法の本では，学習指導要領の説明から始まり，それをもとにした授業案や実践例がたくさん掲載されているものが多いようです。しかし，この本で大切にしていることは，自ら書き込んで「成長の記録」を作り上げることです。その点で従来のものとはちょっと違っているかもしれません。詳しくは後述の「使い方」をご覧下さい。

　私は中等教育の学校（中学校と高等学校）で20年ほど教員をしてきました。10年目くらいから大学生を相手に社会科教育法を教えるようになりました。学習指導案の書き方，模擬授業，教材作り，テストの作り方，板書の仕方，発問の仕方など基本的なことから，ときには大学生が作った授業（案）を実際の生徒に実施するといったチャレンジングな（無謀な？）授業も行ってきました。

　この本は，大学の社会科教育法の授業で教えてきた内容が下敷きになっています。一番重視しているのは「知識は後回し。とにかく行動してごらん」ということです。「泳げるようになりたければまず水に入りなさい」といいかえてもいいでしょう。実際に体験したり，まねしたり，自分で書いたり，考えたりすることのほうが，ひたすら本を読むよりも意味のあることだと思うのです。この本は，知識だけが素通りするようなことを目指していないということです。未熟でも丁寧に自分の力で，または友達と一緒にやってみることで力をつけていこうとするものです。

　ただ，残念なことに，みなさんがやったことに対して実際にはアドバイスできません。できるだけ私の話しことばで（少しは上品になっていますが），実際の授業をしているように書きましたが，限界はあるはずです。そんなときは，ブログをやっていますので，御質問ください。アフターフォローをできるだけしていきたいと思っています。http://blog.goo.ne.jp/pcgmgogo28/ です（この本が売れている間は，がんばって開いておきます）。

著者

(2) 本書の構成と使い方

①構成
本書は 5 編にわかれています。

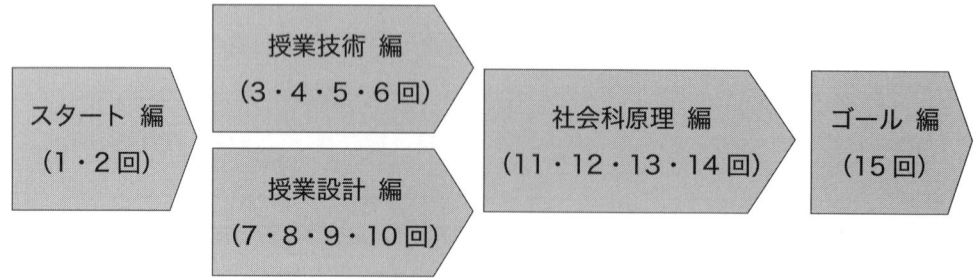

【スタート編】では，他人の授業を観察し，自分で授業をやり，自分の課題をみつけます。自分には何ができて，何ができないのかをしっかりと見極めます。

【授業技術編】では，「話し方」，「板書の仕方」，「グループワーク」のやり方等についてお話しします。この 3 つが大学生からよく質問されることが多いからです。演劇に例えるならば，演技の仕方を学ぶみたいなところです。

【授業設計編】では，演劇で言うならば，シナリオ（ストーリー）の書き方を学ぶところと言えます。一時間一時間をかげで支えている「年間指導計画」，日々の授業を支える「学習指導案」の書き方についてお話しします。

【社会科原理編】では，ご存知「中学校社会科学習指導要領」についてとりあげます。ただ学習指導要領の変遷や現行のものを，読んで理解するだけではなく，自分で年表を作ることでその流れをつかみます。

【ゴール編】では，「まとめとしての模擬授業」を行うことで，これまでやってきたこと，考えてきたこと，すべてを総動員して授業を決行してもらいます。

そして，最後に私からのメッセージをお伝えしたいと思います。

②使い方
- 第 1 回から第 15 回まで，できるだけ順番にやりましょう。
- 【やってみよう】は，<u>必ず自分でやってから，解説を読んでください</u>。
- 余白には，あれこれ書き込みましょう。
- 記入欄が狭いときは，コピーして作業してください。
- それぞれに【解説】をのせておきましたが，それは近藤流です。
- 「標準時間」には個人差がありますので，臨機応変に設定してください。
- 「成長の記録」にも記入しましょう。

成長の記録

回		タイトル	実施日	がんばった度
第1回	スタート編	観察		%
第2回		模擬授業（その1）		%
第3回	授業技術編	「話す」と「聴く」		%
第4回		書く（板書）		%
第5回		グループワーク		%
第6回		テスト作り		%
第7回	授業設計編	年間指導計画		%
第8回		「学習指導案」の書き方（その1）		%
第9回		「学習指導案」の書き方（その2）		%
第10回		授業作りの実況		%
第11回	社会科原理編	社会科学習指導要領のお話（自分でやってみる編）		%
第12回		社会科学習指導要領のお話（前編）		%
第13回		社会科学習指導要領のお話（後編）		%
第14回		そもそも地理・歴史・公民とは何か？		%
第15回	ゴール編	模擬授業（その2）		%

目　次

【はじめに】..i
　　(1) ごあいさつ　i
　　(2) 本書の構成と使い方　ii

【Ⅰ　スタート編】とりあえず見る・自分でやる..1

第1回　観察..2
　　　　──「まずは見ることから始まる」
　(1) 授業観察前　2
　(2) 授業観察中と観察後　2
　(3) 観察記録について　3
　　　やってみよう1「授業を観察しよう」／解説　4

第2回　模擬授業（その1）..8
　　　　──「課題を発見するために」
　(1) 「すぐれた授業」を見る　8
　(2) 「自分なりの授業」をやってみよう　9
　　　やってみよう2「自力で25分間授業をする」／解説　9

【Ⅱ　授業技術編】その課題をどう解決するか？.......................................13

第3回　「話す」と「聴く」..14
　　　　──「基本中の基本だが奥が深い」
　(1) 「やりとり」が大切　14
　(2) 質問と発問　15
　(3) 授業をつむいでいくことば　16
　(4) 「聴く」ということ　18
　　　やってみよう3「相手の話をよく聴き，感想を述べる」／解説　18

第4回　書く（板書）……………………………………………………21
──「授業の『骨格』です」
(1) 実際の板書を検討する　21
　やってみよう4（その1）「板書の検討」　21
(2) 板書案を作りましょう　24
　やってみよう4（その2）「板書案を作る」／解説　24

第5回　グループワーク……………………………………………………27
──「簡単そうだが実は難しい」
(1) 課題（問題）設定が難しい　27
(2) タイムリーに指導するのが難しい　28
(3) グループワークが弾まないとき　29
　やってみよう5「グループワークの課題設定」／解説　29

第6回　テスト作り……………………………………………………33
──「評価とはなにか」
(1) テストを作ってみましょう　33
　やってみよう6「テストを作ろう」／解説　33
(2) そもそもテストとは何だろうか？　37
(3) 信頼性と妥当性　38

【Ⅲ 授業設計編】ここが支えている……………………………………………………41

第7回　年間指導計画……………………………………………………42
──「教員になるまでその存在を知らなかった」
(1) 作ってみましょう　42
　やってみよう7「年間指導計画を作ろう」　42
(2) どうやって作るのか？　45
　やってみよう7（その2）／解説（おまけ）　48

第8回　「学習指導案」の書き方（その1）……………………………………………………49
──「授業のシナリオを書く」
(1) 学習指導案の"真実"　49
(2) 書くポイント　53

第9回　「学習指導案」の書き方（その2）……………………………………………57
　　　　　──「授業設計の『本丸』」
　　(1)「本時の指導計画」（目標と使用教材）の書き方　57
　　(2)「本時の展開」の書き方　58
　　(3)「本時の評価」の書き方　61
　　(4) 板書計画　62
　　　やってみよう9「学習指導案を書こう」／解説　63

第10回　授業作りの実況……………………………………………………………69
　　　　　──「実際どうやって作っているのか？」
　　(1) 作成の流れと利点・難点　69
　　(2) 第1ステップ　70
　　(3) 第2ステップ　71
　　(4) 実際に話すであろうこと（話しことば）　74
　　　やってみよう10「急いで授業を作れ！」　74

【IV 社会科原理編】まじめとあそびの間……………………………………………79

第11回　社会科学習指導要領のお話（自分でやってみる編）…………………80
　　　　　──「少し大変だが挑戦してみよう」
　　(1) 何のためにやるのか　80
　　(2) 一つの分野だけでもやってみましょう　80
　　　やってみよう11「学習指導要領のキーワードを書く」／解説　80

第12回　社会科学習指導要領のお話（前編）………………………………………88
　　　　　──「誕生／理想／詰め込み」
　　(1) 社会科創設まで　88
　　(2) 初期社会科（1947・1951年版）　88
　　(3) 系統主義の復活（1955・1958・1969年版）　90

第13回　社会科学習指導要領のお話（後編）………………………………………94
　　　　　──「ゆとり・生きる力」
　　(1)「ゆとり教育」へ（1977・1989年版）　94
　　(2)「ゆとり教育の修正と生きる力の継続」　98
　　　　──第8次改訂（2008年版）

　　　　　　　　　　　　　　　　　　　　　　　　　　　　　目　次

第 14 回　そもそも地理・歴史・公民とは何か？……………………………… 102
　　　　　── 「混ぜてはっきりすることもある」
　　（1）自分のことばで表現してみよう　　102
　　　　やってみよう 14（その 1）「地理，歴史，公民とは何だろう？」／解説　　102
　　（2）混ぜてみましょう　　105
　　　　やってみよう 14（その 2）「地理，歴史，公民が混ざった授業を作ろう」／解説　　105

【Ⅴ　ゴール編】ここまでよく来ました……………………………………… 109

第 15 回　模擬授業（その 2）…………………………………………………… 110
　　　　── 「いよいよ最後です」
　　（1）集大成としての授業　　110
　　　　やってみよう 15「最後の模擬授業を行う」　　110
　　（2）最後にお伝えしたいこと　　114

　　お わ り に　　116

vii

【Ⅰ スタート編】
とりあえず見る・自分でやる

　みなさんは大学の授業を日々うけているでしょうが，第三者として授業を見るチャンスはそれほどないかもしれません。いきなり授業をやれと言うのも乱暴な話なので，授業をとりあえず見ることから始めましょうか。
　実際に教育実習に行くと，最初は授業観察から始まるはずです。その時のポイントをお話ししましょう。

| 第1回　観察　……「まずは見ることから始まる」 |
| 第2回　模擬授業（その1）　……「課題を発見するために」 |

第1回　観察──「まずは見ることから始まる」

(1) 授業観察前

①教室に入る前

　現職の教員にとって授業を見学されることは，人によって差はありますがプレッシャーになるものです。中には見られて張り切る教員もいますが，第三者がそこにいるのは普通の状態ではありません。私も人に見られるのは緊張するので正直言ってイヤでした。ですから，観察できた時は，その先生に感謝の気持ちを忘れずに，お礼をしっかり言ってください。

②教室に入ります

　教室に入ることは，人のお宅に入るのと同じようなものです。古いと思われるかもしれませんが，まず教室に入るときには，きちんと立ち止まり礼をしてから入りましょう。おそらく，授業の前の休み時間に教室に入ることになりますので，生徒が遊んでいたり話をしていたりしています。生徒に対してなれなれしくしてはいけないのですが，目が合ったら「こんにちは」と挨拶くらいはしてもいいでしょう。

③見るときの場所取り

　一番無難なところは教室の後方です。黒板に向き合う位置になります。まずはここから始めます。見学者は授業を邪魔してはいけない存在で，本来はそこにはいないはずの人たちです。その場に静かにたたずみましょう。

　壁に寄りかかったり，ノートであおいだりするのは絶対にやめましょう。しゃきっと立ちましょう。

④周りを見渡しましょう

　立つ位置がだいたい決まったら，教室の中を見回しましょう。生徒たちがどのような生活をおくっているのかがわかります。例えば，遠足が近ければグループ表が掲示されていたり，年間の一人ひとりの目標やクラス目標が掲げられていたりします。にぎやかな掲示を好む担任なのか，シンプルさを好む担任なのかもわかります。1時間の授業の背後には，生徒の日々の生活があります。どういう時期にどういうタイミングで，自分はここに来ているのかを知ることはとても大切なことです。

(2) 授業観察中と観察後

①後ろからだけではなく……

　教室の後ろに立つと，先生の表情や動作はよく見えるのですが，生徒の表情は見えにくくなります。かといって，いきなり教室前方に立てばいいのかというと，ふだんいない人が前に立つと，本来先生に向けられるはずの生徒の視線が観察者に向けられ，なんとも言えない雰囲気になってしまう恐れがあります。

それを避けるためには，教室の横から見るという手があります。横だと，前に立つほど生徒の視線を集めませんし，生徒の表情も見ることができます。生徒の表情が見えるところで見学すると，生徒の表情によってその授業の成功不成功がわかります。

②「ぼけーっ」としない

生徒がわからない時にいきなり見学者に質問を振ってくる先生がいます。私もよくやりました。意地悪のつもりはないのですが，授業の流れの中でそんなこともありました。いつ当てられるかわかりません。当たり前ですが緊張しましょう。

③特定の生徒に着目する（応用編）

授業観察を何度かやって慣れてきたら，特定の生徒に着目するのもいいかもしれません。全体を見ているとどうしてもよく発表する生徒，動きが目立つ生徒に目がいってしまいます。その授業はその生徒たちだけのものではありません。目立たない生徒がどのような姿勢で授業に参加しているのかを見ることも，慣れてきたらやってみましょう。

④授業がおわったら

授業を見せてくださった先生にお礼を必ず言います。先生に「どうでしたか」と聞かれたときには，「生徒たちは活発ですね。教材がユニークだと思いました」など肯定的に感想を述べましょう。

（3）観察記録について

記録するものは何でもかまいませんが，私は特製記録用紙を使っています。次のようなものです。記入する時のポイントは以下の通りです。

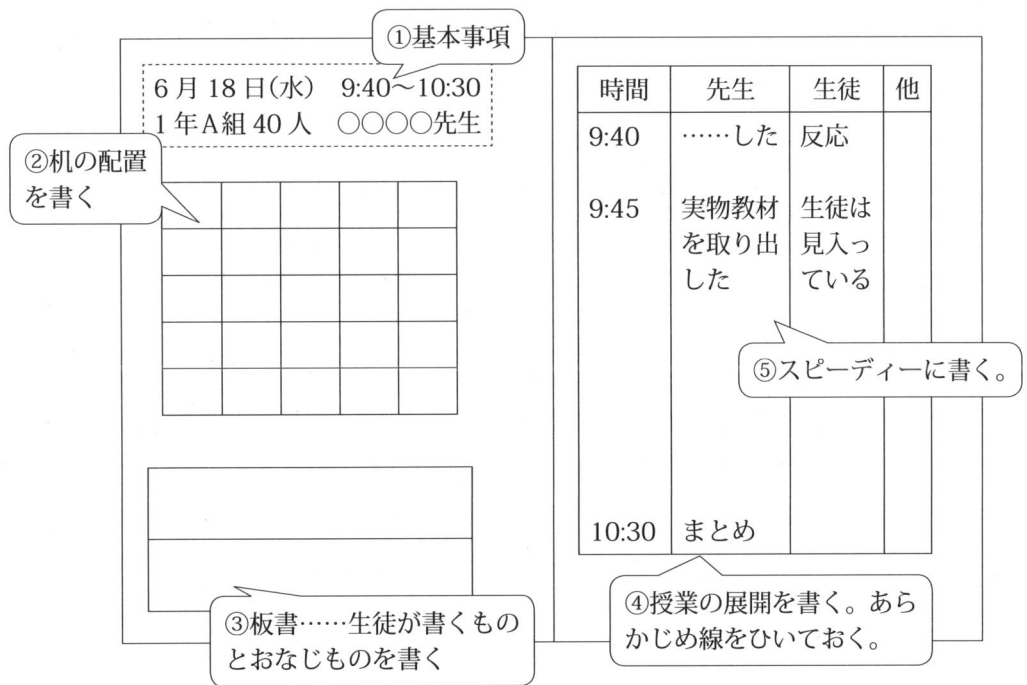

I スタート編

①基本事項を書く
　時間帯によって生徒の態度や雰囲気はがらりとかわりますので記録しておきます。
②机の配置を書く
　名前がわからなくても,「ここの子がこう言った」と書いておけば後で授業が思い出しやすくなります。
③板書
　黒板には授業の大切なことが書かれているはずですから記録します。
④授業の流れを書く
　「先生が○○○をした。それに対して生徒が○○○と反応した」というように,先生のアクション→生徒のリアクションといった流れで書くといいでしょう。余裕が出てきたら,自分なりの感想を書きましょう。
⑤字はきれいでなくてもかまわない
　記録は誰かに提出するためのものではなく備忘のためのものですから,美しく書く必要はありません。赤や青で着色してもいいですが,スピーディーに記録しなければならないので,囲みやアンダーラインで強調したほうがいいでしょう。

　では,最初の「やってみよう！」です。授業を観察しましょう。2パターン用意しました。さっそく本書にあれこれ書き込んでください。

やってみよう！1 ――「授業を観察しよう」

標準時間（50分または90分＋20分《話し合いの時間》）

【中学校（高校）の授業が見られる幸運な人】
　貴重なチャンスを無駄にしないように,しっかりと見てください。友人とともに観察することができたならば,授業後にどこを見ていたかを話し合ってみましょう。

【残念ながらツテもコネもない人】
　授業を観察するチャンスはそうそうありませんから,気にしなくていいです。そんなあなたは大学の先生の授業をみましょう。もちろん教室の後ろに立ってみることはできません。確実に叱られます。
　メリットは,その授業のどこがよかったのか,悪かったのかを友人と後で話すことができることです。大学の先生の授業は,小中高の先生よりも,一方的な話が多いかもしれません。いいところもわるいところも栄養にしましょう。
　デメリットは,授業内容をしっかりきかなければならないし,授業観察もしなければならない。注意散漫になるかもしれないので,ご注意ください。

記録 「授業を観察しよう」

(好きなようにメモしてください。特製記録用紙に記入して貼ってもいいでしょう)

Ⅰ　スタート編

時間	
教員	
生徒	
その他	

年　月　日（　）　　：　～　：
年　組（　）人　　授業者（　　　　）

【座席】

【板書】

やってみよう！【1】の解説

①複数でみることのメリット

　自分が見ていなかったことを，他の観察者が気がついていることがあります。「へー，そういう見方もあるんだ」と気づくことは大切なことです。授業を見るときは，どうしても自分の経験や考えに凝り固まっている場合が多いからです。ですから，複数で授業を見ることは新しい視点を提供してもらえます。

②ビデオ（写真）撮影の危険性

　もしビデオや写真撮影の許可をもらえたのであれば撮ってもいいでしょう。しかし，映像を撮ることで安心してしまうこともあります。よく見ることこそが大切なので，ご注意ください。

③みるポイント

　慣れてきたら，自分なりのチェックポイントを決めておくのもいいでしょう。そうすれば，いろいろな授業を比較できるようになるからです。例えば，次のようなものがありますが，自分なりの「こだわりポイント」を見つけてください。

【構成】目的が明確か？・山と谷・考えさせる場面・テンポやリズムなど
【教材】プリント・実物教材・教科書・掲示物をどう使ったか？　量は？
【態度】話し方・適切な発問・立つ位置（机間巡視など）・発言のフォローなど
【板書】文字・チョークの色・量・記号の使い方など

④お願いのための例文

　自分がお世話になった恩師や，教員になった大学の先輩にお願いして，できるだけたくさんの授業を見るようにしましょう。母校をたずね，久しぶりにお世話になった先生に挨拶するのもいいものです。きっと喜んでくれますよ。もちろん社会科でなくても，理科でも英語でも数学でも体育でも，役に立つことはたくさんあります。ぜひお願いしてみましょう。参考までにお願いの例文です。「私は将来先生になりたいと思っています。ぜひ勉強のために○○先生の授業を拝見させてください。ご迷惑とは思いますが，どうぞよろしくお願いします！（誠意をこめて）」

実施日（　）年（　）月（　）日	がんばった度　（　　　　）％
感想	

第2回　模擬授業（その1）
──「課題を発見するために」

　ここでの考えは「泳げるようになりたければ，まずは水に入り泳ぐまねをしてみましょう」ということです。実際に短時間（約25分）でいいので，「授業のようなもの？」をやってみましょう。

　しかし，「いきなりはムリ」という人は「すぐれた授業」といわれるものを見たりやったりしてから，「自分なりの授業」をしましょう。

(1)「すぐれた授業」を見る

①「学習指導案」を見る

　では，優れているといわれる授業を見てみましょう。インターネットにごろごろしています。ごろごろといっても，そこにあるのは「学習指導案」といわれるものです。学習指導案とは，授業の「脚本」です。動画サイトにいけば授業を公開している人も中にはいますが，ここでは学習指導案を利用しましょう。どういうふうに授業を進めるのかがわかります。

　まず，インターネットで「学習指導案」と入力し検索しましょう。いろいろな都道府県教育委員会や研究機関が「学習指導案」を公開しています。文字情報なので，少しばかり想像力を働かせなければなりませんが，それもまたいい練習になります。どのように授業をすすめるのかが丁寧に書かれているはずです。

②他人のものをやってみる

　そこで見つけたよさそうな授業（学習指導案）をやってみることは，なかなか有効です。脚本ができているドラマに出演する感覚ですね。中には，人のものを借りてやるのはいやだと思う人もいるかもしれませんが，かたいことは言わずに先輩たちの英知に学ぶのも時にはいいでしょう。

　人前でやりたくない人は，一人でこっそりやってもいいですよ。目の前に生徒をイメージして，声に出してやってみるといいです。私も大きな公開授業（参観者がいる，緊張をしいられる授業）の前には，一人でこっそりやっていました。

(2)「自分なりの授業」をやってみよう

　では,「自分なりの授業」をやってみましょう。とにかくやることが大切です。それは,自分でやらないと課題が見つからないからです。この授業実践は,（その1）とついていることからわかるように,（その2）があります。（その1）の意味は課題を見出すための模擬授業を表しています。（その2）はまとめとしての授業です。

　しつこいようですが,本を読んで水泳の理論を覚えるのもいいのですが,まずは水に入って慣れることから始めましょうということです。まったくわからないということはないはずです。おそらくだれもが学校に通っていたのですから授業のことを知っているはずです。教員が板書する姿,質問する姿を見てきているはずです。まず自分なりにやってみましょう。

　そうはいっても,本物の生徒を相手に実施するのはムリでしょうから,友達に見てもらいましょう。もし,誰も見てくれる人がいなければ,一人で声をだして模造紙を壁に貼り黒板にみたてて授業をやってみてください。

やってみよう！2 ──「自力で25分間授業をする」

標準時間130分＝準備（90分）＋模擬授業（25分）＋その他（15分《友達から感想を聴く／自己反省》）

授業の作り方も,板書の仕方も,発問の仕方も教えません。

① 25分間の授業をやってみましょう。まったく手がかりがないと途方にくれるでしょうから,教科書（資料集など）を使ってください。
② どうしても人前でやりたくない人は,一人でこっそりやってください。
③ 終わったら,課題や疑問点を必ず記録しておきましょう。
④ 友達に見てもらえたら,忌憚のない意見を拝聴しましょう。

I スタート編

記録 「自力で 25 分間授業をする」

授業タイトル

授業内容　（授業の大筋をメモする）

(授業後)課題や疑問点,見てくれた人からの一言

⇒実際にやってから,解説を見てください。

I スタート編

やってみよう！【2】の解説

①うまくいかなくても気にしない

　観察しているときには，できそうに思えたことでも実際にやってみるとなかなかうまくいかないものです。そのとき初めて自分の課題としてとらえることができます。「みる」のと「やる」のとでは全く違うのです。それを痛切に感じたとき，スタートラインに立ったと言えるのです。だから気にしないでください。

②しっかりと記録しておく

　25分間，人前で話して（一人でやってみて），何を感じたでしょうか。人前で話すのが初めてだったら，それは本当に得難い体験をしたことになります。良いのか悪いのかも判断できないかもしれません。そんなときのために，見てくれる友達がいるわけですから，聞き流さないでしっかりとメモを残しておきましょう。ここでの体験がこれからの土台になります。

③「うまくいった」と思った人へ一言

　おめでとうございます。いやみではありませんが一言……。

　私が教育実習にいった時の話をします。私は世界史が得意中の得意でスイスイと授業をやりました。自分でも完璧と思えるような授業でした。まさに快心の出来で，「どうだ世界史はおもしろいだろう！」くらいの気持ちでした。

　しかし，授業が終わった後「あの実習生何をいっているのかわからない」という生徒の声が遠くから聞こえてきました。がっかりしました。

　うまくいったと思った時ほど，「本当に生徒にとっていい授業だったのか？」を自問自答することが大切です。それをやったうえでうまくできていたのだったらOKです。自信をもってください。

　今日の一言　「うまくいった（と思った）ときほど，うまくいっていない」

実施日（　）年（　）月（　）日	がんばった度　（　　　　）%
感想	

【Ⅱ 授業技術編】
その課題をどう解決するか？

　自力で授業（？）をやってみていかがだったでしょうか。
　「黒板（壁）に文字を書くのが難しい」とか，「早口になってしまった」とか，「支離滅裂になってしまった」とか，いくつかの課題が出たと思います。この課題こそが「成長の種」になります。これでようやくスタートラインに立ったのです。

　私が受け持つ社会科教育法の授業で，よく出される質問のベスト３は例年「質問の仕方（話し方）」，「板書の仕方」，「授業の盛り上げ方」です。それに加え意外なことですが，テスト作りの方法などもよく質問されます。

　では授業の技術的なことについて４回に分けて見ていきましょう。

> 第３回　「話す」と「聴く」──「基本中の基本だが奥が深い」
> 第４回　書く（板書）──「授業の『骨格』です」
> 第５回　グループワーク──「簡単そうだが実は難しい」
> 第６回　テスト作り──「評価とはなにか」

第3回 「話す」と「聴く」
――「基本中の基本だが奥が深い」

まず,「質問(発問)の仕方」です。これは「話す/聴く」という行為に通じますので,第3回では「話す/聴く」として話を進めたいと思います。

(1)「やりとり」が大切

①教員の発言の類型

おそらく授業開始は教員による指示または問いかけから始まるのはほぼ間違いありません。1972年に,フランダース(Flanders, N. A.)という人が教員の発言内容を類型化したのだそうです。カギカッコ内は,私が例として考えました。

    感情受容　「そうかそうかなるほどね」
    賞賛・勇気づけ　「いいよ,よく言えたね」
    アイディア受容　「おー,そんな考えもあったのか」
    質問　「それはどういうことなんだい」
    講義　ひたすら話す・一方的に話す
    批判　「それは……だから間違えているんじゃないか?」
    指示　「……しなさい・やれ」

これ以外にも,注目すべきポイントには,話す口調・スピード・間ということがあるかもしれません。いずれにせよ,こうしたことを意識して話すことで,単調な話し方にならずに授業が進められると思います。

②教員と生徒との間のやりとり

教員の発言内容は上記の通りだとしても現実には目の前に生徒がいますから,やりとりが存在するはずです。

たしかに,知識を一方的に生徒に伝えることはあります。しかし,一方的に知識を伝えるだけならば,テレビ講座やラジオ講座でもいいわけです。授業の醍醐味は,「やりとり(問答・対話)」にこそあります。生徒と教員,生徒どうしのやりとりは授業そのものと言えるかもしれません。授業のみならず,知的訓練において問答は重要なものといえます。ことばのやりとりを通してこそ,知性が深まっていくのだと思います。

(2) 質問と発問

　そのやりとりのきっかけとなる質問や発問について考えてみましょう。教育現場では「質問」と「発問」を違うものとしてとらえています。その違いは何でしょうか。

①「質問」とは何か
　「質問」は、素朴に知識を問うものです。例えば、「イギリスの首都はどこですか？（ロンドン）」、「江戸幕府をひらいた人はだれですか？（徳川家康）」、「三権分立の三権とはなんですか？（立法・行政・司法）」などです。単純に知識を問うものと考えていいでしょう。

②「発問」とは何か
　「発問」は、生徒が考えさせられるような発展性のある問いです。例えば、「イギリスの首都はどうしてロンドンになったのだろうか？」、「どうして江戸に幕府がひらかれたのだろうか？」、「なぜ三権は分立されるにいたったのであろうか？」というものです。これらの発問を解決するためには、さまざまな知識や理解力が必要です。

　例えば、「イギリスの首都はどうしてロンドンになったのだろうか」の場合には、「地形がよかったからなのか、気候がよかったからなのか、なぜだろう」と考え始めると一筋縄にはいかない。江戸幕府の発問にしても「家康のそれまでの領地が関東だったから」でよいのか。幕府を開くにあたり、京都、大阪、岡崎の可能性は絶対にありえないことだったのかと考え始めると、広がりをもってきます。このように発展していくような問いかけを「発問」といいます。

③発問のレベル
　その授業の質は、発問によって決定的に決まってしまいます。そのレベル設定は実に難しく、私も授業を作る時に「簡単でもいけないし、難しすぎてもいけない、どうしたらいいのだろう」と悩みました。
　ただ、おぼろげながらわかったことは、いい発問とは「問いかけの内容が具体的であり、生徒個々人の能力に即したものである」ことです。レベルとしては、生徒が努力しやる気をだしてがんばれば届くような高さがいいのだと思います。ひっぱりあげる感じです。そして、「どうしても、やってほしい」という教師の激しい熱意を込めて語ることも必要です。
　また、生徒が今もっている知識や観念と対立し、生徒自身の中に内部矛盾をひき起こすような発問もよいでしょう。一見なんでもないような教材や子どもの発言から問題を発見し、発問を作りあげるところに教員の仕事の醍醐味があるのかもしれません。

④発問の作り方

具体的な作り方としては「……はどうして〜なのか?」というように, 問いの形にすると発問を作りやすいかもしれません。生徒にも伝わりやすいでしょう。

次に, 意見がわかれやすく論争になりやすいもの, 唯一の正解がなく多様な考えが絡み合い, 深まっていく発問もいいでしょう。

(3) 授業をつむいでいくことば

①具体的な話し方

口癖は仕方がないのですが, できるだけ「えー」,「あー」は削ります。「……をします」,「……しなさい」と言い切りましょう(……してから〜して, と言わない。低学年になればなるほどこれには注意する)。

生徒に話しかけるときには, each であって, all ではないことも心がけておくといいでしょう。

時には大きな声でまた時には小さな声で話す。スピードも自在にかえてみましょう。

②展開させることば

授業を紡いでいく, つまり展開させることばにはどのようなものがあるでしょうか。教員の問いかけのあと生徒はこたえ, それに対してまた教員は反応します。それを繰り返して授業が成立していきます。具体的には, 次のようなことばが考えられます(愛知教育大学の土屋武志先生のアイディアを参考にさせて頂きました)。

代表例や好例・悪例(例えば?)

原因(どうしてそうなったのかな?)

補足(つけ足してみたらどうなる?)

修正(少し変えるとしたら?)

問題指摘(どこに問題がある? どこが悪いの?)

意味や中身(いいたいことは何だろうか? どういう意味だろうか?)

価値判断(どれが最もよい(悪い)と思う?)

手順(どんな手順でやるのか? どのような方法でやる? 計画してごらん)

多面的(他からみたらどう見えるか? 他にどのような見方ができるだろうか?)

まとめる(結論はなんだろうか? ポイントはなんだろうか?)

予測する(これからどうなっていくと思うか?)

こうしたことばをいれていくことで, テンポよく授業を進められると思います。

③生徒の答えに対する評価

　ここでいう評価とは，教員が発問や質問をして，生徒から答えが返ってきたときのリアクションです。通知表の5段階のことではありません。

　基本はほめることです。「そうだね」，「すばらしい」などと良いところをなんとかして見つけるくらいがちょうどいいでしょう。クラスで多様な考えを肯定する姿勢も大切だと思います。また，普段から間違えてもいい，ユニークな意見こそがいいのだと思えるようなクラス作りも大切です。ただ，やりすぎてはいけません。ほめられてうれしくない人はいませんが，ほめ方を間違えると，いやなものです。

　しかし，時には挑発的に「そうかできないか，残念……」と言うのもありますが，これはタイミングと信頼関係に左右されますので，上級な技かもしれません。

④「わかりません」に対してどこまで粘るか

　「わかりません」といわれたらどうするか。「あ，そう。じゃあ次」では教員の名がすたるというものです。実は，ここが教員の力の見せ所なのです。ただ，「わかりません」と言わた時，教員は「なんとか答えてもらいたい。でも，先に進まないと時間がなくなる」という葛藤に苛まれます。それでも何とか引き出すように苦闘してみましょう。しかし，あまりしつこくしてもいやがられるだけなので，引き際も肝心です。私の失敗談として，あれこれヒントを出しているうちに，つい答えを言ってしまったということがありました。

⑤指名の仕方

　いつも生徒が張り切って手を挙げてくれたら，どんなにすばらしいでしょう。学年があがるにつれて，なかなか自分の意見を言わなくなります。そのような時は指名するしかありません。基本技としては次のようなものがあるでしょう。

> 気の向くままにあてる
> 出席番号順にあてる
> 座席順にあてる
> 生徒どうしに当てさせる
> 今日は10日だから10番

　応用レベルとしては，時間をとってノートに考えをまとめさせ，それを机間巡視して，生徒が何を書いたのかを確認してから指名するという方法があります。じっくり取り組みたい課題の時には使えると思います。例えば，まわっているあいだに「A君は○○に対して否定的だな」，「B君は○○に対して肯定的だな」と覚えておく（メモしてもいいでしょう）。その後，さりげなくこの2人に発表させ，授業を組み立てていくやり方です。

⑥「間」の取り方がうまい教員はレベルが高い

　話し上手な先生は「間」のとり方がうまいものです。「『間』はその瞬間を結晶させ

Ⅱ　授業技術編

る」という人すらいます。しかし，これは授業全体のテンポにも関係してきます。「間」を入れすぎると逆に間延びしたものになってしまうので，大事なポイントの直前に使うのがいいでしょう。

⑦どこを見て話すのか
　視線は生徒全体を見つつ，時に個人をみつめて，その人にむかって語りかけることが大切です。ただ，生徒を見ると緊張してしまう人がいると思います。そんなときは下を見るのではなく，教室の後ろの壁を見ればいいです。それで余裕が出てきたら，ちょっと生徒を見る。そうすると少しずつ生徒一人ひとりに語りかけられるようになっていきます。

(4)「聴く」ということ

　教員が生徒の発言を楽しもうとする態度があるといい雰囲気になります。教員が話したいという気持ちを抑えて，徹底して聴くことに集中する（表情でうけとめる）ことです。

　あわてて反応しない。じっくり聴いて考える。その生徒はどうしてそう思うのかを考えながら聴くのです。しかし，これが実に難しい。

　話すこと以上に「聴く」ことが教員に求められているのです。よく聴いてくれる先生がいる教室はきっと落ち着いた，いい雰囲気の教室になると思います。
　ではここで「やってみよう！3」です。

やってみよう！3
　　──「相手の話をよく聴き，感想を述べる」

標準時間　約10分程度（いつでもできる）
①2人一組になって，お題をきめて1分間交代でじっと相手のいうことを聴きましょう。
　（お題の例　好きな食べ物，最近あったうれしいこと，悲しかったこと等，何でもかまいません）
②次に，それに対してプラスの，肯定的な感想を述べましょう。
③それを二回くらい繰り返します。

記録 「相手の話をよく聴き，感想を述べる」

【会話中のメモ】

やってみよう！3の解説

　相手の話をじっくり聴いて，コメントする練習でした。短時間ですからなんとかなったと思います。長く続けると意外ときついですよ。

①教員は聴くのが下手な人が多い（気がする）

　教員は「話をするのは好きだが，聴くのは苦手な人が多い」と言われます。私も気を回しすぎて，生徒が話している間に「次に何を言おうか」と考えていたことがありました。生徒の発言を聴いているようで聴いていなかったことがあったと反省しています。もう答えは用意されていて，生徒が話し終わると間髪入れずに「そうなんだ。でもね○○○○○だよ」と切り返す。これはだめだなと思います。

②授業進行での葛藤

　授業中の教員は，教えたい内容を時間内になんとか終わらせようとします。しかしその一方で生徒たちの多様な意見をたくさん聴いてみたいとも思っています。この葛藤の中で授業は進んでいきます。なかなかタイミングをつかむのは難しいのですが，経験豊かな先生ほどやはり上手です。

③うまく話せなかった人へ（あなたは聴き上手になれる）

　私は教員になりたてのころ，落語のテープを聴き，話し方のコツをつかもうと思いました。「名人○○○○の至芸？」とタイトルがついていました。聴くうちに名人たちの話芸に聴き惚れ，感動しました。滑舌もよく，声量も適当で心地よい，話の展開にぐいぐいと引き込まれました。

　ところが，個人名は避けますが，早口で何を言っているのかよく聴きとれない名人もいたのです。そのひとはなぜ名人なのだろうと考えました。おそらく話し方だけではなく，その人の雰囲気，見た感じ，すべてをトータルして名人なのだろう。もっと言えば多少聴きとりにくくても，それを上回るような魅力があれば，名人になれる。さらに，下手でもそれが味になることがある。だからコンプレックスに感じることはない，という自分勝手な結論に達しました。これは私の誤解かもしれませんが，話し方で悩んでいる人はあまりくよくよせずにやりましょう。

　教員の進化論　決まった通りにやろう→生徒の反応や変化に対応できる→「まつ」ことの大切さを知る

実施日（　）年（　）月（　）日	がんばった度　（　　　　　）％
感想	

第4回　書く（板書）
――「授業の『骨格』です」

(1) 実際の板書を検討する

　「板書」とは，黒板に文字や絵などを書くこと，またはその書いたものを言います。実際の板書を検討してみましょう。社会科教育法で，ある学生が模擬授業を行った際に書いた板書です（資料提供に感謝します！）。

> **やってみよう！4（その1）――「板書の検討」**
> 標準時間　30分程度
> 　次の板書に対して，どうコメントしますか？　良い点，悪い点にわけて書いてください。授業内容は「日本の資源」についての授業です。
> 　「形式」を中心にコメントしてください。

[1面　最初に書いた板書]

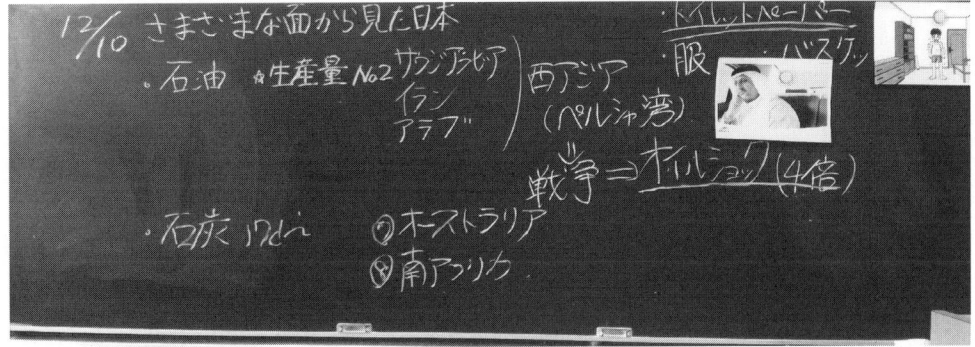

[2面　一度消してから，新たに書いた板書]
　（石炭のプラス面，マイナス面を書いています）

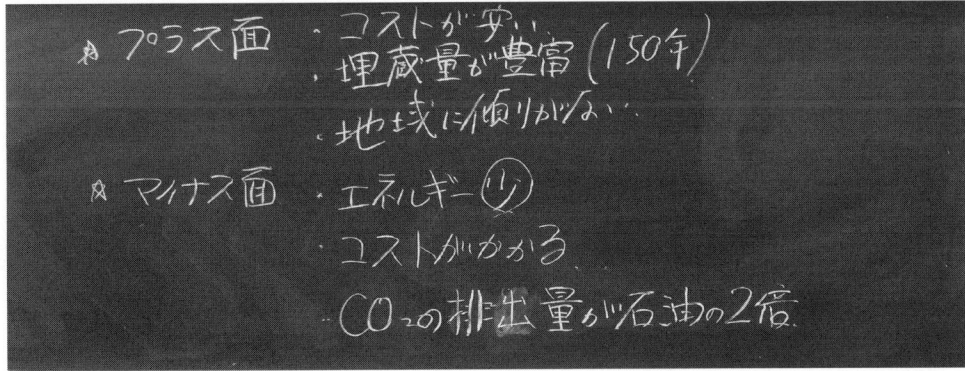

記録 「板書の検討」

【良い点】

【悪い点】

第4回　書く（板書）

私のコメントは次のようになりました。

【良い点】
①タイトルをきちんと書いている
②石油の前，石炭の前につけている「・」で書き出しをそろえている。
③月日を書いている。
④プラス面，マイナス面を並べて書いて，わかりやすくしようとしている。

【悪い点】
①写真や絵が，文字にかぶってしまった。
②石油のあとが「生産量No.2」なのに，石炭の後が「17C～」で，内容が不揃い。
③生産量の前にある「☆」はいったいなんだろうか。
④重要ではないキーワードに色チョークが使われている。
⑤石炭のプラス面とマイナス面を書いているのだが，「コストが安い」と「コストがかかる」は後で見たときに，何のことかがわからない。
⑥「傾」→「偏」

授業者（学生）の意図をくんで少し整理するとしたら，次のようになります。

```
12／10　さまざまな面から見た日本
　（1）石油
　　　①生産量が多い国
　　　　サウジアラビア・イラン・アラブ首長国連邦
　　　　（西アジアの国々）
　　　②日本も多くをここから輸入
　　　　しかし，オイルショック（1970年代）→原油価格が4倍になった
　　　　（中東戦争などが原因）
```

```
　（2）石炭
　　　①プラス面 ｛ コストが安い（採掘）
　　　　　　　　　 埋蔵量が豊富（150年）
　　　　　　　　　 地域に偏りがない

　　　②マイナス面 ｛ コストがかかる（輸送）
　　　　　　　　　 エネルギー量が少ない
　　　　　　　　　 $CO_2$の排出量が石油の2倍
```

「ゴシック体」にしたところは，「黄色チョーク」を使ったところです。

（2）板書案を作りましょう

やってみよう！4（その2）――「板書案を作る」

標準時間　60分程度

　教科書の見開き2ページ分の板書案を作ってください。地理，歴史，公民，どの分野でもかまいません。その2ページを教える時に，みなさんは黒板に何を書きますか？　生徒に何を書かせたいですか？　下のスペースを黒板一面と考えてください。

1 文字の大きさは，◯◯くらいで考えてください。

1面

2面（上の板書を消した後の設定）

やってみよう！4（その2）の解説

うまく板書案ができたでしょうか。まず，板書のポイントは次のようになります。

①板書＝授業の「エッセンス・骨格」

　板書は情報を生徒に伝えるためのものですが，結果としてその授業内容のエッセンスを表していると私は考えています。板書は，授業の骨組みです。板書事項を見れば，その授業がどのようなものであるのかがわかるようでなければいけません。

　50分間が終わったときにその板書をみて，授業全体が浮かび上がってくるものが，良い板書といえるでしょう。思いつくまま，感情のままに書くということではいけないのです。

②適切な量

　中学生の授業で，先ほどのスペースに書ききれないという人がいたら，量が多いと思ってください。もしかしたら，板書を写すためだけの授業になっているかもしれません。

　授業内容にもよりますが，小学生だったら1面を越えたら多い。中学生はせいぜい1面半，高校生なら制限はないでしょうが，量が多くなればなるほどひたすら文字を写す授業になってしまいますので，せいぜい2面くらいでしょうか。

③何を書いて，何を書かないのか

　当然書くことは重要なこと，書かないものは重要ではないことです。あえて重要なことは書かないというテクニックもあります。それにより生徒に集中させるために行うことがありますが，原則としては，重要なことを書きます。

④生徒が見返した時に思い出せるように書く

　後で見返したときに，生徒が内容を思い出せるように書いておくことが大切です。大学生ならば自ら説明を補って書けますが，中学生は先生が書いたままを写します。それ以外書かないと思っていた方がいいでしょう。あとで生徒が「これ，なんだったっけ」とならないような配慮が必要です。

⑤わかりやすくするポイント

板書のポイントをまとめると，一般的に次のようなことが言えると思います。

- 1→（1）→①などと「階層」をはっきりさせ，書き出しの位置をそろえる。
- 文字の大きさをそろえる。
- 特に強調したいところは，囲む。
- 重要なところにつけるマーク（☆や！など）はあってもいいが，乱用しない（何が重要なのかがわからなくなるから）。
- アンダーラインも同じことで，多用すると何が大切なのかがわからなくなる。
- 「→」は移動，移行，変化を表す。「（　）」は言い換えや補足，「：」は区切りのように決めておき，安易に変えない。
- 色チョークは「黄」が一番目立つので使い勝手がいい。「赤」で文字を書くと見えにくいので注意する。
- 「赤・緑・青」などのチョークではできるだけ文字を書かない方がいい。

⑥黒板に文字を書くことの難しさ

机の上で文字をきれいに書けても，黒板に文字を書くのは難しいものです。「板書案は完璧にできたのだけれど，思ったように板書ができませんでした」という学生がよくいます。心配な人は黒板に実際に書いてみることを勧めます。

「文字が下手」という人は，ゆっくり書いてください。そうすれば，そんなにひどい板書にはなりません。殴り書きのような文字が最悪です。

実施日（　）年（　）月（　）日	がんばった度　（　　　　　）％
感想	

第5回　グループワーク
——「簡単そうだが実は難しい」

　「先生，授業の『もりあげ方』はどうしたらいいですか？」という学生の質問もよくあります。「ダジャレをいえばいいんじゃないの？」といったら，学生に叱られました。その質問の意図は，教員がただ一方的に話すのではなく「生徒が積極的に授業参加するにはどうしたらいいのか？」という意味だったみたいです。

　第5回では，「もりあげ方」の一つの方法として「グループワーク」について考えてみましょう。ここでは，大人数ではなく全体を少人数にして課題に取り組ませる学習活動を「グループワーク」とします。グループワークの効果としては，以下のことが考えられるでしょう。

・大人数ではなかなか自分の意見が言えなくても少人数だったら言えるようになる。
・生徒の授業に対する参加意識が高められる。

　そのため模擬授業でグループワークを取り入れる学生は多いですし，教育現場でもよく用いられます。

　しかし，グループワークは簡単そうにみえて，実はとても難しい活動だと思います。その理由をいくつか考えてみます。

（1）課題（問題）設定が難しい

①何が課題なのかをはっきりさせないと生徒が混乱する

　これはグループワークに限ったことではないのですが，グループワークは生徒たちが一斉に活動し，教員の目が行き届かなくなるため，ポイントをついた課題を最初に与えないと生徒たちは混乱状態に陥り手遅れになります。何が課題になっているのかをはっきり伝えてから，グループ活動をしないと，カオスになります。これがグループワークの開始前ならば，すぐに立て直しができるのですが，一度グループで始めてしまうと大変になります。何を考えればいいのかがわからないと，生徒は混乱するだけです。課題内容を徹底してから活動させます。

②課題のレベルが適切でなければならない

　課題が簡単すぎてもだめ，難しすぎてもだめで，この加減がかなり難しいです。
　さらに生徒たちのレベルは均質ではないので，「どのレベルに水準をあわせるのか」が本当に難しいのです。私の経験では，難しいレベルにしておいて様子を見ながら少しずつヒントを出していくのがいいと思います。簡単すぎる課題ではグループワークにす

Ⅱ 授業技術編

る必要がありません。簡単すぎると難しい課題を克服したという充実感も得られないからです。

③グループワークを行う必然性がある課題設定

　グループになる必然性が求められます。どのようなことがあげられるでしょうか。例えば、その課題が皆で協力しないと解決できないというものです。それには2つパターンがあると思います。クラス全体で一つの物を完成させることと、グループで知恵をだしあって答えを求めていくこと、だと思います。いずれにせよ一人でできてしまうようなことはグループワークをする上で良い課題とは言えません。

(2) タイムリーに指導するのが難しい

①一方的に教える存在からファシリティテイターになる

　教員の存在は一定の知識を一方的に教える存在から、見守り促す（ファシリテイトする）存在へとかわります。一方的に話す授業では時間配分の見通しは簡単ですが、グループワークでは予測不可能なことが起こります。思っていた答えが予定時間内に出ないこともしばしば起こります。つまり、生徒の状況に応じた指導ができるかどうかが授業成功の鍵になるのです。したがって、その教員の本当の力量が問われることになります。教師の力量を「学習をわかりやすく教えること」だけで測ることはできなくなるので、授業方法の見直しが求められます。

②グループワークの作法を定着させるには時間がかかる

　ただ話し合うだけのようなグループワークでしたらなんとなくできてしまうでしょうが、しっかりしたものにしたければその下準備には時間がかかります。

　例えば、グループワークでは、相手の考えを尊重することを生徒は認識していないといけません。自分の考えと異なっていても、そこにはその人にとっての真実があり、その考えに対して、敬意を払うことは必要です。そういうことをしっかり身につけつつ、話し合いを進める必要があります。

　そこからさらに相手の意見を尊重しながらも自分の考えと比較し、もう一度自分はどう考えるのかを熟考します。そこから学びあいがうまれます。他者の異説を排除せず、むしろ尊重し、そこからもう一度自分はどう考えるのかを問うていく。こうしたルールを身につけさせるのには少し時間がかかります。それが定着する前に教員が疲れてしまってやめてしまうことがあるので、定着するまでがんばらなければなりません。

(3) グループワークが弾まないとき

「これが課題です。グループで考えてごらん」と指示しても，生徒が硬直してしまうことがあります。それを打開するためにいろいろなやり方が考えられています。「開発教育」や「グローバル教育」の世界では，結果も大切ですが過程も大切にするという考えから，方法そのものにも意味を見出しています。その方法のことを「アクティビティ」といっているのですが，実にたくさんあります。中にはみなさんが知っているものもあるでしょう。

> ・ブレーンストーミング　とにかく意見をどんどん出す。
> ・マッピング　一つのことをイメージによってどんどん広げていく。
> ・トランプ（またはピラミッド）課題に対する答えを個人で2～3枚の紙に書く→それをグループのメンバーで話し合いながら，縦に優先度の高い。順に並べる→それらを黒板に掲示する（最終的にピラミッドの形になる）。

　ここでは紹介しきれませんので，次の著作を参考にしてください。
　グラハム・パイク，デイヴット・セルビー共著『地球市民を育む学習』（明石書店）や開発教育センター著『テーマワーク——グローバルな視点を活動の中で育てる』をご覧ください。とても参考になると思います。
　また，HPでも「開発教育」と検索すると，アクティビティが紹介されています。ぜひ参考にしてください。

やってみよう！5 ——「グループワークの課題設定」

標準時間　30分

　グループワークのための課題設定の練習をしましょう。どの教科書でもいいので，見開き2ページから生徒に出す課題を考えます。
　例えば，公民的分野の教科書を使った場合を考えてみます。「立法権」というところで考えてみると，課題「国会の仕事には，例えば予算の審議や議決，法律の制定，内閣総理大臣の指名がありますが，私たちの生活にもにたようなものはないでしょうか」という課題を出したとすると，それぞれにいくつも答えが出てくると思います。第3回でも言いましたが，そういう課題が広がりや奥行きがあっていい発問なのです。
　ということで，ここでは「課題設定」の練習をしましょう。
　課題を考える（15分）→生徒が答えるであろう答えを予想する（15分）→その答えが5つ以上あれば課題としてOKとする（友人に答えてもらってもいいです。ただし，友人には中学生レベルになってもらいましょう）。

Ⅱ 授業技術編

記録 「グループワークの課題設定」

【タイトル】（例）「武士の登場」のような教科書の見出し

【考えた課題】

【予想される生徒の答え】

やってみよう！5の解説

①実際にやってみます

　第3回でとりあげたことや，この先の第11回での内容と関わってきますが，実際にやってみましょう。私の前に歴史的分野の教科書があります。ぱっとひらいてその2ページから課題を作ってみます。それぞれの課題に対する生徒の想定解答も考えます。

　さあ，教科書を開きました。有名な「大航海時代」のあたりです。教科書には「ヨーロッパ人はどのようにして世界に進出したのか」という問いかけが見られます。コロンブス，植民地，マゼランなどの重要語（人名）も見られます。

（その1）「ヨーロッパではなぜ香辛料が必要だったのか？」（定番）
- おいしく食べたかったから。
- 辛いもの好きな人が多かったから。
- 肉の保存に大切だったから。
　→これくらいしかでないかもしれない。

（その2）「三角貿易で「金・象牙」がアフリカからヨーロッパへ輸出されているのはわかるが，その逆に「武器」がアフリカに輸出されているのはなぜか？」

- アフリカに強くなりたい人たちがいたから。
- ヨーロッパは文明が進んでいて武器があまっていたから売ってもうけようと思ったから。
- その武器でいわゆる奴隷狩りをやらせたから（答えが出にくいかもしれない）。
　→これはもっと少ないかもしれない。

（その3）「どうして植民地がヨーロッパの人たちには必要だったのか？」

- 土地が欲しかった。
- 征服したかった（征服欲）。
- 銀がほしかった。
- さとうがほしかった。
- ヨーロッパの国どうし競争になって負けたくなかったから。
- 自分たちが作ったものを売りつけたかったから（難しいかもしれない）。
　→なんとか5つできました（でも，あまりいいできではないなあ）。

　他にもいろいろ考えられます。楽しみながらやってみてください。

②グループワーク失敗談

　実は，話さない生徒をなんとか話すように仕向けることが良いとは限らないと私は思っています。生徒は黙っていても，頭の中では知識がグルグルと渦巻き，化学反応を起こしているかもしれないので，外から見るだけではわからないけれども，実は見事に学習しているかもしれないからです。しかし，それを言ってしまうと台無しなので，なんとかグループワークに参加させるための方策を考えてみましょう。

　なんだかいやらしいのですが，私は次のアクティビティをやったことがあります。

　4人1組で話し合いをさせた時のことです。右のような用紙を準備しました。

　○は生徒を表します。○に名前を書かせます。誰かが意見をいう→次に言った人に向けて，「→」を描く。それを繰り返していく。

　何も→がない人は意見を述べていないことがわかってしまいます。

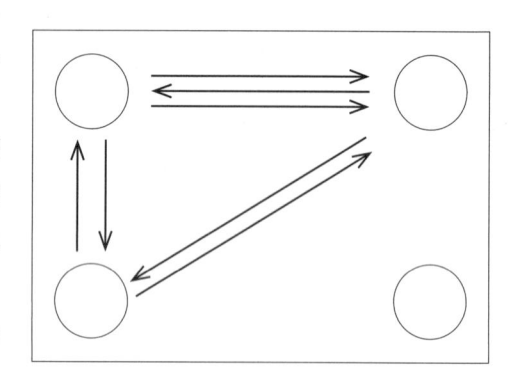

　「きっとこれで全員が意見を言うだろう」と思っていましたが，なかなかそうはうまくいきませんでした。

　それでも発表しない人をどうするかということを皆で考えていかないとだめなわけなのです。「どうやったらみんなが意見を言えるようになるだろうか」を考えていかないと，グループワークのもう一つの意味は半減するような気がします。

　例えば，グループワーク実施の裏にある意味には次のような考えがあると思います。
・グループ全員の考えの交流が必要という認識を育てる
・わかることと同じくらい，わからないことも大切にする
・一つの結論を導くことも大切だが，それ以上に互いの考えを豊かにする（一つの答えを出すことだけを目的にしない）。
・グループで考えたことを評価する（→意欲がわく）。

　このような考えもいれながらグループワークを指導していかなければならないので，とても時間がかかりますし，難しいと感じています。

実施日　（　）年（　）月（　）日	がんばった度　（　　　）％
感想	

第6回　テスト作り
——「評価とはなにか」

　　ここでいきなりテストの話が出てきて当惑するかもしれませんが，これもまた質問がたまにあります。

　「テスト」または「試験」ときいて，みなさんはどのようなことを思い浮かべますか？　「つらかった」，「いやだった」という否定的な思い出があるかもしれません。「自分の力が試されるもの」，「課せられるもの」といったイメージがあるかもしれません。
　しかし，そのテストを作る側にまわると，どうなるでしょう。私の場合，教員になって初めてのテスト作りはドキドキしました。「ためされる側」から「ためす側」への立場の移行に興奮しました。不謹慎かもしれませんが，ウキウキしながらテストを作ったものです。

(1) テストを作ってみましょう

やってみよう！6 ——「テストを作ろう」

標準時間　約60分＝問題作り（40分）＋解答（10分）＋話し合い（10分）

①教科書の見開き2ページでテストを作ってみましょう。
②10分程度で解ける問題を考えましょう（地理，歴史，公民どれでも可）。
③40分程度で作り終えたら，「工夫したところや苦労したところ」を書きましょう。
④友人に解いてもらいましょう。
⑤採点しましょう（友人が解けないようだったら，教科書を貸してあげてください）。
⑥友人から感想をいってもらいましょう。
⑦10分程度，工夫した点や難しかったことについて友人と話し合いましょう。

Ⅱ　授業技術編

記録 「テストを作ろう」

「問題と解答欄を作りましょう」

第 6 回　テスト作り

このテストのアピールポイントや苦労したところ

やってくれた人の感想

　どのようなテストができたでしょうか？
　単純な穴埋め問題でしょうか？　それとも「○○について説明せよ」といった記述問題でしょうか？
　では，試験作成の一般的なテクニックをお話しします。

やってみよう！6の解説

　みなさんは自分が過去に受けてきたテストを思い出して作ったことでしょう。テストにはいろいろなスタイルがありますが，ごく一般的なものをお話しします。
　これからお話しすることを意識して試験をつくると，バリエーションに富むテストが作れるようになります。

　試験は，大きく分けて「論文体（論述）テスト」と「客観的テスト」があります。

①論文体（論述）テストの場合
　文章によって解答を求めるスタイルです。高度な知的能力を総合的（基礎的知識・表現力・思考力・態度）にみることができますが，採点が主観的になりやすくなります。

　問いのパターンは次のようになります。

> 　概括的に説明（〜について説明しなさい）・原因理由を記す（〜が盛んになった理由を説明しなさい）・関係を記す（AとBとの間にはどのような関係があるか）・比較（AとBの違いについて説明しなさい）・例示する（〜にはどのような例がありますか，なるべくたくさん書きなさい）・要約する（200字以内で要約せよ）・評価批評する（〜の現状について，評価する点と問題点を論じなさい）・鑑賞する（〜を読んで感じたことを書きなさい）・態度や価値観を記す（〜について，あなた自身の考えを述べなさい）

②客観テストの場合
　誰が採点しても同じ結果になります。問題数が多くなり，選択肢から選ばせる「選択式」と短い語句を記述させる「記述式」の2つがあります。客観的であり，出題範囲が広くなり，効率的であるなど長所がありますが，暗記学習に陥りやすくなります。問いのパターンは次のようになります。

> 〈記述式〉単純再生法（スペインの首都はどこですか）・完成法（穴埋め問題）・訂正法（1箇所誤りがある，訂正しなさい）
> 〈選択式〉多肢選択法（選択肢から1つ選ぶ）・正誤法（次の文が正しければ○，間違えていたら×をつけなさい）・組み合わせ法（次の国と関係がある人物を語群から選びなさい）・配列法（無秩序に並べたものを年代順・大小順などにならべかえる）・選択完成法（多肢選択法と完成法の併用）

> ③テスト作りの別の効用（応用編）
> 　「試験を作った後で，授業を作る」ということを実習生にやらせたことがあります。実習のスタートは指導案だけを作るものとばかり思っていたでしょうから，いきなり試験を作れと言われ，実習生は驚いていました。
> 　その結果，どういうことになったのかというと，実習生は「何が大事なのかがよくわかり，授業作りのポイントを外さなくなりました。テストにこういう使い方もあるんだなと思いました」と言っていました。実習生には拷問みたいなものだったかもしれませんが，少し回り道のようですが，みなさんもやってみるとこれは意外とつかえます。

(2) そもそもテストとは何だろうか？

①「評価と指導の一体化」という考え方

　「試験・テスト」は教育学において「教育評価」とよばれる領域に入ります。そこでは「評価」を教師の教育実践と子どもの学習活動を高めるためのものとらえ，生徒の能力を測定するためだけのものとは捉えていません。

　よくある学校の風景で，「はい，40点」と先生からテストを受け取り，「次はがんばるぞ，へへへ」でおしまいというのがあります。そうではなく，できなかった60点分をなんとかしよう。補習をするなどしてからもう一度試験をして，そこで再度評価するのが，本来あるべき「評価」というものだという考えです。2回やってもダメな場合は，もしかしたら手をかえ品をかえ，できるまで続けなければならないかもしれません。

　つまり，次のようになります。

> 診断的評価（どれくらいわかっているのかを測定してから授業をつくる）
> →授業実践（いわゆる授業）
> →形成的評価（どれくらいできるようになったのかを把握する。いわゆるテスト）
> →さまざまな指導（補習など）
> →総括的評価（すべて終了後に再度評価）
> →反省材料としてその後も利用（総括的評価で終わってはいけない）

　この一連の流れを「評価と指導の一体化」と言います。評価つまりテストをやりっ放しにするのではなく，その結果を使って指導していくということです。

　ただ，現実問題として，それをずっと続けていたら決められた教科書の内容を教えきれないし，教員の負担も大きくなり，教員は休日返上でやらなければならない。できなかった生徒にどこまでつきあっていくのかの判断は難しいものです。

Ⅱ　授業技術編

②評価すべきものは何か？

　評価するものは「学力」なのですが，これがなかなか難しいのです。「学力」についてはいろいろな学者がそれぞれ持論を展開していますが，ここではあまり難しい話はカットして，テストや授業を作るときに役立つ程度でお話しします。

　なぜ役に立つのかというと，学力とはこういうものだと理解しておくと「なんとなくテストや授業をつくりました」ということがなくなるからです。私は教育評価の専門家ではありませんので，現職の教員が知っておいた方がいい，最低限のことだけ書いておきます。

　学力には2つの側面があります。実体的学力（知識・理解や技能）と機能的学力（思考や意欲・態度・関心）です。教育学者の梶田叡一氏は，両者を氷山に例えて，水面下を関心・意欲・態度・思考力・判断力・表現力（見えにくい学力），水面上を知識・理解・技能（見える学力）に例え，相互を関連づけ，両者は相互に連携しながら発揮されるとしました。

　ただ，知識は客観的で点数になりますが，その特性上，選抜に利用されやすいものです。その一方では，思考判断や意欲関心について最終的な到達点は不明になりやすいです。

　話はとびますが，学校には「指導要録」という公簿があります。これは一年間の生徒の学習状況を記録しておくものです。生年月日にはじまり，住所，担任名，部活動，クラスでの活動，生徒会等の活動，ありとあらゆることが記入されています。もちろん，そこには5段階の評価も記載されています。その横に中学生の場合には，観点別評価というのがあり，それをつけたうえで5段階をつけることになっています。社会科の場合には次のものがあります（各教科まちまちです）。

| 関心・意欲・態度 | 知識・理解 |
| 思考・判断・表現 | 資料活用の技能 |

　学力というものは何かというのは学者によっていろいろ見解が分かれるのですが，現行の教育制度では上記のものが，社会科の評価すべき学力であるとしているのです。

　教員によって思いはいろいろあるでしょうが，これらのものをバランスよく授業に配置し，それが試験に反映されることで，バランスがよいものが作られるということになります。例えば，「いつも穴埋めのテストだった」，「いつも調べ学習ばかりだった」という場合，いちじるしくバランスを欠いたテスト，授業と言えるのです。

(3) 信頼性と妥当性

　テストについては「信頼性と妥当性」ということがよく言われますので，それについて説明します。

①定義
　「信頼性」とは，テストにどれくらい一貫性があるか，どんなときでもきちんと生徒の学力を測れるか？　ということです。いつやっても誰がやっても同じということです。
　「妥当性」とは「尺度が測りたい対象を正確に測れているか」という意味です。
②これをテストにおきかえるとどうなるか
　地理的分野でヨーロッパの試験をして，ヨーロッパ全体をしっかり学んだのかをテストするとき……。
・信頼性もあり妥当性もあるテスト　イギリスやフランス，ドイツなどひろく特徴を答えさせるテストを作っていて（高緯度の割には温暖，農業と自然環境の関わり，工業地帯の変化，代表的な国名や首都名，位置関係，現在かかえる問題など）それによってヨーロッパの地理的知識が身についていることがわかり，どの生徒もそれなりに勉強しているならば，どの生徒がやっても成績はだいたい同じ正答率になるというもの。→「すばらしい立派な先生」
・信頼性はあるが妥当性がないテスト　（まちがったところに集中して矢があたっている状況です）　マルタ島の人口，面積，人口密度，産業別人口構成比などをすべて出題している。しかし，これはヨーロッパ全体の地理を学んだとは言えないため妥当性がないといえる。マルタ島ならばヨーロッパにあるのでまだマシですが，中国の秦王朝について出題した場合などがこれにあたります。→「マニアックな先生」
・妥当性はあるが信頼性がないテスト　（矢はなんとなく真ん中に集まっているが，どうにも散らばっている）　イギリスやフランス，ドイツなどひろく特徴を答えさせるテストを作っていても，正答率がだれにやっても同じにならないテスト。おそらくこういうことが起こるのは，採点時にぶれ幅がでてしまうような出題，つまり記述問題のときに起きるおそれがある。→「採点基準があいまいで，採点ミスが多い先生」
・妥当性も信頼性もないテスト　ヨーロッパの地理の試験をすると言っておきながら，ブラジルの建国の過程を記述式で出題し，採点基準も明確でなく，生徒によってはめちゃくちゃに採点されているような場合。→「もはや教員に何かがあったとしかいいようがない」
教訓「テストには，その教員の教育観はもとより人生観も表れてしまう。ときにその時の生活も反映されてしまうことがある。気をつけよう！」

実施日（　　）年（　　）月（　　）日	がんばった度（　　　　　）％
感想	

【Ⅲ 授業設計編】
ここが支えている

　これまでは，技術（テクニック）について述べてきました。
　しかし，ここからは授業を支える土台になるものについて説明します。それは，授業の「シナリオ作り」と言ってもいいかもしれません。1時間（50分間）の授業はどのように作られていくのでしょうか。

　ここでは，まず"1年間"の授業計画である「年間指導計画」について，次に"1時間"の授業案である「学習指導案」の書き方についてお話しします。

第7回　年間指導計画　──「教員になるまでその存在を知らなかった」
第8回　「学習指導案」の書き方（その1）──「授業のシナリオを書く」
第9回　「学習指導案」の書き方（その2）──「授業設計の『本丸』」
第10回　授業作りの実況──「実際どうやって作っているのか？」

第7回　年間指導計画
——「教員になるまでその存在を知らなかった」

(1) 作ってみましょう

　教員になると，4月の授業開始の前に一年間その科目をどのようにして教えるのかを表した「年間指導計画」を作ります。この年間指導計画は管理職（校長，副校長）から「作りなさい」と言われて作ることになるのですが，その後あまり活用されているとはいえません。それに，4月に作った計画がそのまま3月までもいけるかというとはなはだ疑問です。

　しかしながら，年度の始まりにあたって，どういう内容を教えるのか，どのようにして生徒に伝えるのかを考えることは，とても大切なことです。「一年の計は元旦にあり」と同じことです。

　また，それを時々見直すことで遅れを自覚したり，初志を思い出したりすることは，だらだらしてしまうことを防ぐ上で役に立つと思います。年間計画表を積極的に活用するくらいのつもりで作成しましょう。

やってみよう！7 ——「年間指導計画を作ろう」

（標準時間　約60分）

　社会科の教科書（地理的分野，歴史的分野，公民的分野どれでも可）1冊を1年間で教えるとして，その「年間指導計画」を書きなさい。地理的分野の例を一部あげておきます。地理は100時間，歴史は110時間，公民は80時間，で作ってください。
　（例）
　（1）年生　社会科（地理的）的分野　年間指導計画表　担当（近藤裕幸）

月	時数	単元名	教科書
4月	6	【1】 世界の国々 1　地球人としての私たち 2　たくさんある国々 3　大きな国と小さな国 4　近い国と遠い国 ………	10ページ 12ページ 14ページ 16ページ …ページ
5月	…	………	……

記録 「年間指導計画を作ろう」

（　）年生　社会科（　　　　）的分野　年間指導計画表　担当（　　　　　　）

月	時数	単元名	教科書
4月			
5月			
6月			
7月			
8月			
9月			

Ⅲ　授業設計編

月	時数	単元名	教科書
10 月			
11 月			
12 月			
1 月			
2 月			
3 月			

うまく作れたでしょうか？　では次のページにいってください。

(2) どうやって作るのか？

ある教科書の地理的分野で作ってみました。このような感じになります。

1年生　社会科　地理的分野　年間指導計画表　担当　近藤裕幸

月	時数	単元名	教科書
4月	6	【1】 世界の国々 1　地球人としての私たち 2　たくさんある国々 3　大きな国と小さな国 4　近い国と遠い国 5　国境 6　国旗を調べよう	10ページ 12ページ 14ページ 16ページ 18ページ 20ページ
5月	10	【2】世界の気候 1　乾燥帯 2　熱帯 3　温帯 4　冷帯 5　寒帯 【3】東アジアの国々 1　発展する大韓民国 2　朝鮮半島の南と北 3　中国の歩み 4　中国の農業と農村 5　中国の工業	22ページ 24ページ 26ページ 28ページ 30ページ 32ページ 34ページ 36ページ 38ページ 40ページ
6月	12	6　中国の経済発展 ［前期中間テスト］ 【4】東南アジアの国々 1　植民地から独立した国々 2　稲作と農民のくらし 3　プランテーション農業の特色 4　ASEANと日本 5　東南アジアの都市と農村	42ページ 46ページ 48ページ 50ページ 52ページ 54ページ
		（省略）	

①行事の確認と時間数のカウント

「後出しジャンケン」みたいで恐縮ですが，最初にやるべきことは，まずその学校の年間行事予定表を見なければなりません。4月は何時間できるのか，5月は何時間できるのかを数えることから始まります。

おそらく，みなさんは「1週あたり2時間くらいで，月4週間だから，8時間」と計算していると思います。それは原則まちがっていません。現段階ではそのやり方で結構です。

しかし，実際の教育現場ではいろいろな行事があり，授業時数が消えていきます。ときには，クラスによりばらつきが出るおそれもあります。そのような時には，先生たちどうしで時間を融通しあったり，教務の先生に相談したりしなければなりません。もしくは，無理矢理帳尻合わせしてしまうか……それは生徒にとってはきついことかもしれません。

	4月	5月	6月	7月	8月	(省略)
1		遠足				
2						
3			中間テスト①			
4			中間テスト②		1年夏季行事①	
5			中間テスト③		1年夏季行事②	
6					1年夏季行事③	
7						
8	入学式					
9	始業式					
10						
11	知能テスト	体育祭				
12	健康診断					
13					2年夏季行事①	
14					2年夏季行事②	
…					2年夏季行事③	

②授業の目次のところを順番に並べていく

先ほど述べましたが，原則として時間数を数えた上で教科書にある目次をみて，順番に並べていけばいいでしょう。見開き2ページを50分で行うということです。ただ並べるだけなら簡単ですね。

③配分の微調整

ただし，内容のレベルによって幅を持たせることも必要になります。例えば，簡単そ

うなところは4ページ分を一日で終わらせたり，逆に難しそうなところは2ページを2時間（50分×2回）かけたりすることもあります。ですから数字だけではなく中身も吟味する必要があるのです。それに，定期試験があれば区切りのいいところまで進めておきたいと考えるかもしれません。したがって，機械的に目次を並べればいいということでもないのです。内容をよく検討し配列してください。

④行事との関連

例えば，5月1日に遠足があります。その時，行き先のことを知っていた方がいい場合があります。事前に調べ学習をしておくと遠足がより効果的になる場合には，学年の方針で「社会の授業で少し指導してほしい」と言われるかもしれません。野外活動などでは社会科教員が活躍することが求められることがありますので，そうなると急に4月下旬の予定をかえなければなりません。もちろん，その授業の責任者は自分ですからはっきりと断ることもできますが，協力せざるをえないこともあります。

私の経験ですが，登山に行く夏季行事がありました。そのため，地形図を読みとらせ山の断面図を描かせて，自分たちがどれほどの山に登るのかを勉強させたことがあります。ただ漠然と登らせるのではなく，読図（等高線）の勉強もついでにやってしまったわけです。生徒にとっても山をただ登るのではなく，起伏がどうなっているかがわかり，学習と体験が密着したいい授業になったと思います。「みんなはこんなに高い海抜1500mくらいの山を登るんだよ。今いるところは海抜100mくらいだから，すごいことにチャレンジするんだね」といった感じです。

⑤「木をみて森を見ず」にならない

この「年間授業計画」を作ってからでないと，本来は50分の学習指導案は作れません。しかし，時間の関係で，大学の教科教育法の授業ではすぐに1時間の授業の作り方を教えていますが，本当はこれを作ってからでないと「木をみて森を見ず」になってしまうのです。

しかも，教育実習に行ったときには指導教員から「この範囲をやってね」と言われるだけなので年間授業計画の存在は知られることなく，現場に行ったときに初めて知るのです。実際に教員になったら，必ず書かなければならないものなのです。

たしかに，「年間指導計画なんて最初に書いて後で使わない」なんていう現場の先生もいますが，どうせなら積極的に使って，時間が足りなくなったり，単純な指導方法ばかりになったりしないようにしましょう。

やってみよう！7（その2）／解説（おまけ）

　年間指導計画の書き方を示しましたが，いろいろと工夫できることがあります。例えば，この授業の「キーワードは何か」，ここで「身につけさせたい力は何か」等を書き込んでおくと，年間を通してバランスのいい指導ができると思います。

　そこで試しに「発展型」を作ってみましょう。先ほど作った年間指導計画をもとに，教科書内容からキーワードを抜き出し，どのような力を身につけさせたいかを記入しましょう（記録用紙はありません）。

①キーワードは3つくらいあげます。
②重視したい観点別評価は以下の4つで考えます。（55ページ参照）
- 関心・意欲・態度
- 思考・判断・表現
- 知識・理解
- 資料活用の技能

	単元名	教科書	キーワード	重視する点
4月	【1】 世界の国々			関心・意欲・態度
	1　地球人としての私たち	10ページ	ガガーリン／宇宙船地球号，人口の変化	思考
	2　たくさんある国々	12ページ	パスポート，国際連合，約200カ国	知識・理解
	3　大きな国と小さな国	14ページ	バチカン，ロシア，グリーンランド	資料活用
	4　近い国と遠い国	16ページ	大韓民国，ブラジル，日本からの方位	関心・意欲・態度
	5　国境	18ページ	緯線や経線，自然国境，内陸国	資料（調査）
	6　国旗を調べよう	20ページ	合衆国の国旗，英国の国旗，南アフリカ	
	（省略）			…

　抜き出したキーワードをもとに授業を作っていくので，重要な用語を見落とすことがなくなります。

　重視する点を書くことで，年間を通してバランスのよい授業が作れます。調査，グループなども書いておくといいでしょう。

教訓「森をみてから，木をみよう」

第8回 「学習指導案」の書き方(その1)
──「授業のシナリオを書く」

「学習指導案」は「指導案」,「授業案」ともよばれます。1時間ないしは数時間のひとまとまり(単元)をどう教えるのかを表したものです。ここでは,最低限これくらい書ければいいだろうということを説明します。

(1) 学習指導案の"真実"

①スタイルはさまざまです

　実は,学習指導案のスタイルはさまざまです。大学の教科教育法で,教育実習後の学生たちにどのような指導案を書いたのかと聞いたことがあります。実に千差万別で,50人の学生がいたら50通りの指導案がありました。同じ学校でも,先生によって違っていることすらありました。『指導案の書き方いろいろ』なんて本が書けそうなくらいです。

②現職の教員は,毎日の授業で学習指導案をいちいち作っていない

　脱力するかもしれませんが,これはほぼ間違いありません。

　私は20年近くの間,教員をやってきました。おそらく何千回となく50分間の授業をやったと思いますが,指導案を書いたのは実習生のときと,研究授業(他人にみせる)の時くらいです。30回も書いていないと思います。

　では「無計画で授業をやってきたのか」と言われるとそれは違います。「指導案を作ってそれをもとに授業をやることは非常にまれである」と言っているのであって,無計画に授業をしていたわけではありません。具体的には,教える内容をメモしたノートをみながら授業はやりますし,一回一回まじめに授業を行ってきたつもりです。現職の先生は普段は指導案を書かなくても,いざとなったら立派に書けるのです！(たぶん)

　第8回は,先に書き方をお教えします。スタイルを知らないと何もできないからです。とりあえずは,一つの型を身につけてください。

次が見本になります。

第２学年Ａ組　社会科（歴史的分野）　学習指導案

平成○○年○○月○○日

教育実習生　○○　○○

指導教諭　○○　○○

1　日時　平成○○年○○月○○日（　）○時○分～○時○分（○○分）

2　クラスの様子　第２学年Ａ組　○○名（男子○○名，女子○○名）

　ふだんはにぎやかだが，授業中はおとなしいクラスである。本単元の前までにグループワーク等を行ったが，あまり積極的な参加態度ではなかった。しかし学習意欲は高い。

3　単元名「武士の世の中」

4　単元の目標
(1) 全体的目標

　中学校学習指導要領社会科では，内容（3）のア「中世の日本」において，「鎌倉幕府の成立，南北朝の争乱と室町幕府，東アジアの国際関係，応仁の乱後の社会的な変動を通して，武家政治の特色を考えさせ，武士が台頭して武家政権が成立し，その支配が全国に広まるとともに，東アジア世界との密接な関わりがみられたころを理解させる」とあるため，内容は小学校のものと重複するおそれがある。

　また，先日このクラスは４人一組のグループワークがうまくいかず授業が硬直化してしまい多様な意見がでなかったが，これまでの知識はしっかりと定着している。

　こうしたことから，２人一組でのペア活動によって多様な意見がでるようにし，この単元は小学校でも学んできている内容と重複するところは確認程度にとどめ内容を深化させ，生徒たちにとって歴史の意外な事柄を知ったり，日本の歴史は世界とつながっているということを考えたりすることを目標とする。

(2) 具体的目標

　具体的には，次の４つの視点を重視して，本単元を指導する。
　①関心・意欲・態度
　　・提示した「蒙古絵巻」から多くの情報を引き出そうとする。
　　・「御成敗式目」の内容と今日の法律との相違を見つけようとする。
　②知識・理解
　　・武士の生活基盤が土地にあったことに着目し，領地を守ることに生命をかけていたことを理解している。

- 鎌倉時代の文化と今日の文化と関わりのあるものを具体的に例示できる。
- 幕府衰亡の理由をいくつか挙げることができる。

③思考・判断・表現
- 頼朝と御家人双方の気持ちの違いなどについて比較して考えることができる。
- どうして北条氏は鎌倉幕府の将軍にならずに，執権としての地位にとどまったのかを考え，発表できる。
- 守護・地頭設置の意図，その効果，院の反応について時系列で考えることができる。
- 鎌倉時代後の武家政権はどのようなものになってゆくのかを推論できる。

④資料活用の技能
- 鎌倉の地図を使って，幕府の立地条件を説明できる。
- 政治的・文化的な視点から，鎌倉幕府成立から滅亡までの年表を作ることができる。

5　単元の指導計画　　配当6時間
　　①鎌倉幕府の誕生　　（1時間）
　　②承久の乱　　　　　（1時間）　<u>（本時）</u>
　　③武士と農民のくらし（1時間）
　　④鎌倉時代の文化　　（1時間）
　　⑤元の襲来　　　　　（1時間）
　　⑥鎌倉幕府の滅亡　　（1時間）

6　本時の指導計画
（1）本時の目標
　　①なぜ北条氏は鎌倉幕府の将軍にならずに，執権としての地位にとどまったのかを考え，発表できる（思考・判断・表現）。
　　②「御成敗式目」の内容と今日の法律との相違を見つけようとする（興味・関心・意欲）。
（2）使用教材　①教科書『中学社会　歴史的分野』（○○出版）○○～○○ページ
　　　　　　　②プリント（御成敗式目の全文）
（3）本時の展開

過程	時間	教師の指導・支援	生徒の活動	評価
導入	5分	①［確認］鎌倉幕府成立までの経緯を簡単に振り返るために何人かの生徒にあてて，知識の定着をテンポよく確認する。（例）源頼朝・征夷大将軍・守護・地頭などについて。	①ランダムにあてられた生徒は問題に答える（わからない時には，適切なヒントを聴いて何とか答える）。	①知識・理解

展開1	10分	【頼朝以後】①〔説明〕2代頼家・3代実朝が後継者となるものの、長期間には及ばず、結局は北条氏が実権を握るに至った過程を説明する。	①生徒は板書事項を写しながら、北条氏が実権を握っていく様子を理解する。	①知識・理解
	5分	②〔グループ討論〕「どうして北条氏は将軍にならなかったのだろうか」	②さまざまな意見→発表「北条氏は身分が低かったからなれなかった」、「なりたくなかった」、「どうでもよかった」、「将軍をこえる地位につこうとしていたから」など。	②思考・判断
	5分	③〔まとめ〕あえて板書せず、出た意見を教員が口頭でまとめ、ノートに記入させる。	③生徒は聞き取りながら記入する（隣の生徒に聴きながらまとめてもよい）。	③知識・理解
展開2	10分	【承久の乱】①〔説明〕後鳥羽上皇の幕府打倒計画から、敗戦までの過程を説明する。②〔発問〕「政子は揺れ動く御家人を何と言って説得したか」	①板書事項を写しながら、説明を聴く。②生徒の発表→「頼朝のご恩を忘れたのか」など。	①知識・理解 ②思考・判断
	5分	【執権政治の展開】③〔説明〕「六波羅探題」「合議制」「御成敗式目」といったこの先重要となる用語について説明する。	③板書事項を写しながら、説明を聴く。	③知識・理解
	5分	④〔グループ作業〕御成敗式目を読んでみよう→「現代的な内容を挙げてみよう」	④生徒の発表「女性も財産相続できる」などと答える。	④資料活用
まとめ	5分	①〔まとめ〕「では重要なところが5箇所あります。線を引きますので、みんなで挙げてください」②次回の予告	①生徒はいつものように、ランダムに重要と思われるところを発表し、線を引いていく。	①知識・理解

(4) 本時の評価

①どうして北条氏は鎌倉幕府の将軍にならずに執権としての地位にとどまったのかを考え、発表できたか（思考・判断・表現）。

②「御成敗式目」にみられる現代にも通じる内容を知り、それについて適切に発表できたか（興味・関心・意欲）。

(2) 書くポイント

では，書き方のポイントを説明します。

学習指導案は大きく２つに分かれます。1～5までは，その単元全体の計画（数時間分）になります。6は，その1時間（50分間）の計画になります。

①「日時」

年は元号でも西暦でも結構です。時間を「○時限め」としてもかまいません。これはいいですね。

②「クラスの様子」

> ふだんはにぎやかだが，授業中はおとなしいクラスである。本単元の前までにグループワーク等を行ったが，あまり積極的な参加態度ではなかった。しかし学習意欲は高い。

どのような生徒がいるのかを書きます。普段の生活態度，学習態度，進度などを書きましょう。これを書く理由は，どんなに教えたいことがあっても，どんなに理想に燃えていても，生徒の実態をふまえない授業は不毛だからです。生徒の実態にあった授業を行うために，ふだんからよく生徒を見ておくことが必要です。

もう一つの意義は，公開授業で他の人が見に来たときに，この指導案を渡すことがあります。どのような生徒がいるのかがわかると，見学者も授業の展開が理解しやすいのです。

③「単元名」

> 「武士の世の中」

「単元」とは，内容のひとまとまりのことです。5時間で1単元（50分×5）のときもあれば，7時間で1単元（50分×7）のときもあります。たいていの場合，教科書の目次の「第1章　古代の人々の生活」とか，「第6章　開国とわが国の動き」とかが，単元になります。

④「単元の目標」の書き方

(1) 全体的目標
　中学校学習指導要領社会科では，内容（3）のア「中世の日本」において，「鎌倉幕府の成立，南北朝の争乱と室町幕府，東アジアの国際関係，応仁の乱後の社会的な変動を通して，武家政治の特色を考えさせ，武士が台頭して武家政権が成立し，その支配が全国に広まるとともに，東アジア世界との密接な関わりがみられたころを理解させる」とあるため，内容は小学校のものと重複するおそれがある。
　また，先日このクラスは4人一組のグループワークがうまくいかず授業が硬直化してしまい多様な意見がでなかったが，これまでの知識はしっかりと定着している。
　こうしたことから，2人一組でのペア活動によって多様な意見がでるようにし，この単元は小学校でも学んできている内容と重複するところは確認程度にとどめ内容を深化させ，生徒たちにとって歴史の意外な事柄を知ったり，日本の歴史は世界とつながっているということを考えたりすることを目標とする。

(2) 具体的目標
　具体的には，次の4つの視点を重視して，本単元を指導する。
　①関心・意欲・態度
　　・提示した「蒙古絵巻」から多くの情報を引き出そうとする。
　　・「御成敗式目」の内容と今日の法律との相違を見つけようとする。
　②知識・理解
　　・武士の生活基盤が土地にあったことに着目し，領地を守ることに生命をかけていたことを理解している。
　　・鎌倉時代の文化と今日の文化と関わりのあるものを具体的に例示できる。
　　・幕府衰亡の理由をいくつか挙げることができる。
　③思考・判断・表現
　　・頼朝と御家人双方の気持ちの違いなどについて比較して考えることができる。
　　・どうして北条氏は鎌倉幕府の将軍にならずに，執権としての地位にとどまったのかを考え，発表できる。
　　・守護・地頭設置の意図，その効果，院の反応について時系列で考えることができる。
　　・鎌倉時代後の武家政権はどのようなものになってゆくのかを推論できる。
　④資料活用の技能
　　・鎌倉の地図を使って，幕府の立地条件を説明できる。
　　・政治的・文化的な視点から，鎌倉幕府成立から滅亡までの年表を作ることができる。

ここは、一つのまとまりである単元（数時間）をどのように教えるのかということを書きます。とても大切なところであり、記述内容が少し長くなります。

[全体的目標] 総論的なことを述べます。
　・学習指導要領について言及します。
　・クラスの実情を書きます。
　・その両方から総合して目標を設定します。

[具体的目標] より具体的に述べます。4つの観点を使うといいでしょう。
　・生徒がどのような活動をするのかを述べます。
　・述語については、教員の立場からなのか、生徒の立場からなのかを統一します。ここでは生徒の立場から書きました。「提示した『○○絵巻』から多くの情報を引き出そうとする」としてあります。これを教員の立場からに書き換えると、「提示した『○○絵巻』から多くの情報を生徒に引き出させる」という書き方になります。

○関心・意欲・態度　（物事について関心を示す・協力して取組む・〜しようとするなど）

○知識・理解　（基本的な用語を身につけている・○が△である理由を説明できるなど）

○思考・判断・表現　（ものごとを順序だてて考え結論までたどりつける・多面的にとらえることができる・推論することができる・比較することができる・自分の考えを発表できるなど）

○資料活用の技能　〜を用いて……できる・図表を読み解くことができる・資料をグラフ、表などにできるなど

---

⑤「単元の指導計画」

本単元の指導計画　　　配当6時間
　　①鎌倉幕府の誕生　　　（1時間）
　　②承久の乱　　　　　　（1時間）　（本時）
　　③武士と農民のくらし　（1時間）
　　④鎌倉時代の文化　　　（1時間）
　　⑤元の襲来　　　　　　（1時間）
　　⑥鎌倉幕府の滅亡　　　（1時間）

ここは、その単元をどのように分割し、どのような順番で教えていくのかを記述します。

その横に「(1時間)」と書くのがポイントです。学生に書かせると、よく「(2時

Ⅲ　授業設計編

間）」と書く人がいますが，そのように書いてしまうと，前半の1時間なのか，後半の1時間なのかがわからなくなるので，面倒でも1時間ずつに分割して書いてください。

　例えば，「①鎌倉幕府の誕生」が2時間扱いだったならば，「①鎌倉幕府の誕生（その1）（1時間）②鎌倉幕府の誕生（その2）（1時間）」と書いてください。分割するくらいならば，タイトルをかえたほうがいいかもしれません。

　さらに，「（本時）」と書いてください。今日がどの部分なのかがわかります。ときどき忘れる人がいますので，気をつけてください。

　<u>ここまでは，何時間分かの単元についての話でした。ここまでは「全体的な構想」を書くのです。「6」からは，その中の1時間（50分）に限定して，話が進みます。</u>

　ここでは「やってみよう」はありません。2回まとめてやります。

第9回 「学習指導案」の書き方(その2)
――「授業設計の『本丸』」

　第8回では学習指導案の前半（数時間分をどのように教えるのかを書くところ）を説明しました。第9回は，1時間（50分）の授業をどのように組み立てるのかについて説明します。

　ここは学習指導案の「核」になるところです。お城で言ったら，本丸です。指導案と言うと，ここの部分をまっさきに思い浮かべる人も多い，それほど大切なところです。
　ここまでのところが「授業全体の企画書」だとすると，「本時の展開」は「脚本」に相当します。教員は何を指示するのか（話すのか），予想される生徒の反応や行動はどのようなものになるのか，時間配分などが書かれます。よりリアリティをもって書くことが求められます。

(1)「本時の指導計画」（目標と使用教材）の書き方

> (1) **本時の目標**
> 　①なぜ北条氏は鎌倉幕府の将軍にならずに，執権としての地位にとどまったのかを考え，発表できる。（思考・判断・表現）
> 　②「御成敗式目」の内容と今日の法律との相違を見つけようとする。（興味・関心・意欲）
> (2) **使用教材**　①教科書『中学社会　歴史的分野』（○○出版）○○～○○ページ
> 　　　　　　　　②プリント（御成敗式目の全文）
> (3) **本時の展開**

①「本時の目標」の書き方

　ここはこの1時間（50分）の目標に限って書きます。単元全体の目標の一部がここにくることになるでしょう。単元目標にまったく関係ないことを唐突に書いてはいけません。全体の中の1時間なので整合性をしっかりもって書きましょう。1～2つでよいと思います。なにもかもやろうとするのは大変です。視点のうちの1つか2つを目標とすればいいのです。1時間目は資料活用の技能・表現できる力を学ばせよう，2時間目は思考・判断で，よく考えさせてみよう，3時間目はクイズ形式をとりいれて楽しみながら知識の定着をはかるように工夫してみよう，といった形にすればいいのです。

②使用教材

この時間に使用する教材，つまり「教科書・配付プリント・実物教材・掛け地図・新聞など」を書きます。どのような教材をもちいて授業を行うのかがわかるように具体的に書きます。

(2)「本時の展開」の書き方

いよいよ最も大切なところに入ります。「天守閣」に突入です。

本時の展開				
過程	時間	教師の指導・支援	生徒の活動	観点
導入	5分	①〔確認〕鎌倉幕府成立までの経緯を簡単に振り返るために何人かの生徒にあてて，知識の定着をテンポよく確認する。（例）源頼朝・征夷大将軍・守護・地頭などについて。	①ランダムにあてられた生徒は問題に答える（わからない時には，適切なヒントを聴いて何とか答える）。	①知識・理解
展開1	10分	【頼朝以後】①〔説明〕2代頼家・3代実朝が後継者となるものの，長期間には及ばず，結局は北条氏が実権を握るに至った過程を説明する。	①生徒は板書事項を写しながら，北条氏が実権を握っていく様子を理解する。	①知識・理解
	5分	②〔グループ討論〕「どうして北条氏は将軍にならなかったのだろうか」	②さまざまな意見→発表「北条氏は身分が低かったからなれなかった」，「なりたくなかった」，「どうでもよかった」，「将軍をこえる地位につこうとしていたから」など。	②思考・判断
	5分	③〔まとめ〕あえて板書せず，出た意見を教員が口頭でまとめ，ノートに記入させる。	③生徒は聞き取りながら記入する（隣の生徒に聴きながらまとめてもよい）。	③知識・理解

展開2	10分	【承久の乱】 ①〔説明〕後鳥羽上皇の幕府打倒計画から，敗戦までの過程を説明する。	①板書事項を写しながら，説明を聴く。	①知識・理解
		②〔発問〕「政子は揺れ動く御家人を何と言って説得したか」	② 生徒の発表→「頼朝のご恩を忘れたのか」など。	②思考・判断
	5分	【執権政治の展開】 ③〔説明〕「六波羅探題」「合議制」「御成敗式目」といったこの先重要となる用語について説明する。	③板書事項を写しながら，説明をきく。	③知識・理解
	5分	④〔グループ作業〕御成敗式目を読んでみよう→「現代的な内容を挙げてみよう」	④生徒の発表「女性も財産相続できる」などと答える。	④資料活用
まとめ	5分			
		①〔まとめ〕「では重要なところが5箇所あります。線を引きますので，みんなで挙げてください」	①生徒はいつものように，ランダムに重要と思われるところを発表し，線を引いていく。	①知識・理解
		②次回の予告		

①形式（縦軸と横軸）

　縦軸は時間の経過とともに「導入」，「展開（1・2）」，「まとめ（「整理」ということもあります）」となっています。授業はこの三段階で作られます。時間はそれぞれ，5分，20分，20分，5分くらいで考えていいでしょう（展開はいくつにわけてもいいのですが，今回は2つにします）。

　横軸は，「教師の指導・支援」，「生徒の活動」，「観点」の3つにわけられています。前2つはわかると思いますが，「観点」は，それぞれの活動が何をめざしているのかを見失わないために書きます。

②「教師の指導・支援」

　授業は教員の生徒に対する働きかけから始まります。教員が生徒にどのような指示をするのかをこの欄に書いていきます。

- 【頼朝以後】にみられる「【　】」はその授業の内容が大きく変わるところに書きます。
- 〔説明〕や〔まとめ〕などは，教員の行為を表します。
- □で囲っているところは，特にポイントとなるところに用いればいいでしょう。
- 具体的な発問は，「政子は揺れ動く御家人を何と言って説得したのか」などスペースの許す限り具体的に書きます。

③「生徒の活動」

教員の指示によって生徒がどのような反応をするのかを予想して細かく書きます。

<u>ここで重要なのは，教員の①の行為は，生徒の①の行為に，観点も①に対応するように書いてください。こうしないと，例えば「・生徒は板書事項を…」と書くと，「・」のどれがどれに対応しているのかがわからなくなります。それを防ぐための措置です。</u>

④「本時の展開」の重要ポイント（全体的）

・教員の動きと生徒の動きはキャッチボール。
・予想される生徒の反応を，できるだけ細かく書く。
・イメージ化できない指導案は，決して成功しない。

・<u>教員の動きと生徒の動きはキャッチボール</u>

　生徒のグループ活動を先生があたたかく見守って，生徒の動きをうまく組み立てながら授業をすすめるような高度なやり方ではなく，最初のうちは，教員が指示を出して，生徒が反応し，さらにそれをうけて先生が指示を出す……この繰り返しでいいと思います。まずはこの型を身につけましょう。型をやぶるのはその後です。
　先ほども言いましたが，教員のところの数字と，生徒の反応の数字が対応しています。①→①，②→②……です。こう言ったら，こうなるだろうということを予測します。

・<u>予想される生徒の反応を，できるだけ細かく書く</u>

　その際，できるだけ細かく生徒の反応を予想して具体的に書くことです。この予想が細かければ細かいほどいいのです。この質問をしたら，こういう反応がくるかもしれない。もしかしたら，こうくるかもしれない。心の準備ができるわけです。

　学生が指導案を作ると，自分の指示する内容だけが書かれているものが多くみられます。指導案を作るにあたって，それだけで精一杯だからです。でも，そこには生徒が不在なのです。「予想するなんて無理」という学生もいます。「だって人前でおしえたことがない」と言う人もいました。でも，自分が生徒であったことはあるわけですから，できるだけ想像力をたくましくして，やってください。
　ただ，実際やってみると，予想を裏切られることもあります。その予想をこえた<u>生徒のリアクションがおもしろく思えるようになったら，もはやベテランの域に達した証</u>です。

・**イメージ化できない学習指導案は，決して成功しない**

「イメージ化できない」とは，「絵にならない，映像にならない」ということです。そういう授業案は決して成功しません。時には，音が聞こえるくらいでなければダメです。このことを指示して，次にこうして，こういう反応があるに違いないと映像にならない授業はうまくいきません。

たしかに，教育実習の場合にはどういう生徒がいるのかがわかりませんから，生徒の動きがよめないところがあります。でも，2回3回やっていくうちに指導案を書いているときに，絵が浮かんでこないと，それはかならず失敗します。

「この授業ができるだろうか……」とよく実習生が聞いてきます。「指導案から映像が浮かび上がるか？　生徒の声が聞こえるか？　場合によっては，匂いがするか？　どうだい？」とアドバイスしています。

・**本時の目標を途中で忘れない**

慣れないときは，何時間もかけて学習指導案を作っているうちに，本来やろうと思っていたことや目標を忘れてしまうことがあります。調べ活動を授業のメインにしたつもりが，教員が一方的に話すような授業になってしまったなどです。

慣れてくると，その脱線からいい授業がうまれることもありますが，最初は手堅くいきましょう。初志を忘れてはいけません。

・**大きな骨組みからつくる（導入から考えない）**

学生を指導していると，「導入」に凝りすぎてしまう人が多いです。「つかみ（導入）」が大切なのはわかるのですが，つかみを考えるだけで時間を使っています。教員にとって授業を作る時間は限られているのです。無限に時間があるわけではありません。興味関心をひこうと思って，ついつい凝ってしまうのです。

50分をいくつにわけるのか。展開部分を2つか3つか？　を考えることの方が先です。メインとなる発問は何か，それを考えましょう。目標を忘れてはいけません。授業の本体である展開1，展開2にあたるところを考えてから，それに入るためにはこの導入が必要……と考えましょう。頭から作っていくと泥沼（時間不足）にはまります。

「つかみは大切にしすぎない」ことが大切です。

（3）「本時の評価」の書き方

> ①どうして北条氏は鎌倉幕府の将軍にならずに執権としての地位にとどまったのかを考え，発表できたか（思考・判断・表現）。
> ②「御成敗式目」にみられる現代にも通じる内容を知り，それについて発表できたか（興味・関心・意欲）。

最後に「本時の評価」です。これは本時の目標に対応しなければおかしいです。目標にないものをこの授業の評価にしてはいけません。論文でいったら，研究の目的に答えない結論とおなじことです。例えて言うなら，「朝ご飯食べるぞ」と言っておきながら，「トイレに行ってきました」と言っているのと同じです。二度手間になってしまっていやなのですが，これがないと落ち着かないので書いておきましょう。

それ以外に，授業の評価として次のことを書き加えた方がいいでしょう。

- 適切な教材使用であったか（量・内容・タイミング）。
- 全体的な授業の構成は適切だったか（山と谷・考えさせる場面・テンポやリズム）。
- 生徒がいきいきしていたか。
- 生徒相互の交流・話し合い活動が充実していたか。
- 生徒が本時の目標を理解し，問題意識を持って学習していたか。
- 教員の態度は適切だったか（話し方・適切な発問・間合い・立ち位置・フォロー・姿勢）。
- 机間指導は適切になされていたか。
- 板書は適切であったか。
- 時間内で終わることができたか。

これで完成です。
実習中ならば担当の先生にみてもらってアドバイスをもらってください。

（4）板書計画

以上で完成なのですが，私はこれに加えて「板書案」を書くことをお勧めします。なぜならば，中学生は板書されたものをそのまま書こうとします。それがノートに残って，テストのときに使うのです。

教員にとっても板書案をつくっておくと，授業がどのような構造になっているのかがよくわかります。ぜひ作ってください。実際に書く内容，位置，アンダーラインなどをつけて書いてください。

【板書計画】

```
承久の乱と執権政治（1221年）　教科書45頁
(1) 頼朝以後                          (2) 承久の乱（1221年）
  ①2代頼家　北条一族により独断を抑      ①後鳥羽上皇が鎌倉幕府打倒の兵を挙げた
          えられた
  ②3代実朝　頼家の子によって殺害          （省略）
  →その後，藤原氏や親王が将軍になる
   （北条氏が実権）
  〈どうして北条氏は将軍にならなかったのか〉
```

　以上で，学習指導案の書き方は終わりです。すこし長くなってしまいましたが，とても大切なことを述べました。では実際に書いてみましょう。スペースをゆったりめにとりました。

やってみよう！9 ──「学習指導案を書こう」

標準時間（180分）　指導案作り（120分）＋話し合い（60分）

　学習指導案を作り①自分で工夫した点，②評価された点，③改善した方がよいと言われた点をみんなで話し合ってみましょう。工夫した点は積極的に伝えましょう。

Ⅲ 授業設計編

記録 「学習指導案を書こう」

第　　学年　　組　社会科（　　　　的分野）　学習指導案

平成〇〇年〇〇月〇〇日
教育実習生　　〇〇　〇〇
指導教諭　　〇〇　〇〇

1　日時

2　クラスの様子

3　単元名

4　本単元の目標

（1）関心・意欲・態度

(2) 知識・理解

(3) 思考・判断・表現

(4) 資料活用の技能

5　本単元の指導計画

Ⅲ　授業設計編

6　本時の指導計画
　（1）本時の目標

　（2）使用教材

　（3）本時の展開

過程	時間	教師の指導・支援	生徒の活動	評価
導入				
展開1				

展開2				
まとめ	5分			

(4) 本時の評価

やってみよう！9の解説

①チェックポイント
　過去の経験から申し上げます。これだけ説明しても学生はいつも「導入」にはまり，かつ生徒の具体的な反応を書きません。みなさんはいかがですか？　もう一度いいます。

> ・教員の動きと生徒の動きはキャッチボール。
> ・予想される生徒の反応を，できるだけ細かく書く。
> ・イメージ化できない学習指導案は，決して成功しない。
> ・本時の目標を途中で忘れない。
> ・大きな骨組みからつくる（導入から考えない）。

②友達とみせあって検討しましょう
　ぜひ友達とみせあってください。互いにチェックすると，自己満足に陥ることなく良いものができるでしょう。

③未熟なアイディアも大切にとっておく
　いい指導案ができなくても気にしないことです。次はきっとうまくいきます。
　どんなに完璧な授業を作ったつもりでも，必ずつっこみがはいります。私も相当つっこまれました。
　でも工夫したところ，がんばったところを忘れないで下さい。経験が長くなると，その新鮮なアイディアを忘れてしまいます。アイディアを書きとめ，ときには他人から盗みとるくらいの気持ちで作ってください。
　ただ，指導案の書き方のポイントはきちんと守りましょう。手書きでもかまいません。丁寧に書いてさえいれば大丈夫です。

実施日（　）年（　）月（　）日	がんばった度（　　　　）％
感想	

第10回　授業作りの実況
——「実際どうやって作っているのか？」

　第8回と第9回で学習指導案の書き方を説明しましたが，実際のところはどうなのでしょうか。第10回では，普段の授業はどのようにして作られているのかを紙上で再現してみます。

　たしかに『教師用指導書』という便利な本があり，それを見るとすべての単元にわたって授業のねらいや具体的な授業の流れが書かれています。それを利用して大抵の場合授業はできます。「導入はこうやって，展開はこのように，まとめはこうやって」ということが書かれているのです。

　しかしながら，最初から指導書を使うことに慣れてしまうと，せっかく柔軟な頭をもっている若い人のアイディアが死んでしまいます。それに，人の言いなりのような何とも言えない心苦しさのようなものがよぎるのではないでしょうか（そう思いたい！）。ここではあくまでも自分でがんばることを前提にお話しします。

　私だったらふだん授業をどう作っているだろうかということ，頭の中で自動化されていることをあえて文字化しました。ページも適当に開いて，ぱっと出てきたところを作ってみました（本当です）。

(1) 作成の流れと利点・難点

①状況設定
　「速攻で授業を作らなければならない，あーもう2時間しかない，まずい！」という感じです。手元には教科書とパソコンがあるとします。パソコンがないと相当つらいです。
　あとは「指導書は意地でも見ない」という気魄です。

②2つのステップ
【第1ステップ】教科書を読んで，ポイントを抜き出し，疑問点を書く。そして調べる。
【第2ステップ】授業の目標を決め，指導案（またはノート）の形にして整理する。
　　　　　　　（普段の授業では指導案にはしませんが，あえて作りました）

③利点・難点
　利点はつぎのようなことがあげられます。
- 最初に書き出したポイントがそのまま「板書事項」になる。板書事項がまとまっているので，後々試験が作りやすい。
- 教員が抱いた疑問がそのまま生徒への発問に利用できる。

III 授業設計編

・教科書に基づいて授業が作られていくので，大筋ではずさない。その結果生徒も教員も安心できる。

　難点としては，「普通すぎる」と言われることです。

　では，具体的に，ある教科書をぱっとひらいて，そのページで授業を作ります。2012年発行の某会社の歴史的分野の教科書を使いました。

(2) 第1ステップ

　教科書を読む→ポイントを書き出す→疑問点をさがす→疑問点を解決する

①教科書を1，2度集中して読む。

②ポイントを書き出す（太字は落とさない）→これが板書事項になる。

③疑問がわいてくるので，とりあえず書いておく（調べるのは後）。

④さらに，教科書で以下の3点をチェックする（教科書を書いた人が重視していることだから）。

・該当ページの最初に載っている質問，例えば「江戸時代には，どのような産業が発達したのでしょうか？」などをチェックする。
・キャラクターが言っているセリフ「新しい農具ができて何が便利になったのかな？」をチェックする。
・本文の横に書いてある質問事項「近世の交通と特産物という地図をみて，身近な地域に現在も伝わっている特産物を調べ，簡単に説明しましょう」をチェックする。

⑤　③で気になった疑問点や④を，書籍やインターネットなどで解決する。ここで大事なことは「適当なところでやめる」ことです。限界を感じたら次年度まわし……と思ってあきらめます。「これは授業で使える！　いけそう！」というのが出てきたら，そこでやめる。なにせ時間がないのだから深追いは禁物です。調べても答えがわからなければそのネタは使わない（ずるいが……）。

⑥インターネットで調べればだいたいわかりますが，信用できそうなものを使わないと危険です。対策として何カ所か調べて重なっていればよしとしましょう。または書いた人の名前がはっきりしている○○百科事典などは大丈夫でしょう。

(例)

要点・ポイント（板書事項）	疑問点（教員自らが抱く）	調べた結果
1　農業の進歩 (1) 新田開発　秀吉の頃の2倍になる。 (2) 技術の進歩→すぐれた技術が全国へ 　①備中ぐわ 　②千歯こぎ	なぜ近畿で発達していたのか？ 備中ぐわと他のくわの違いは？ 「からさお」って何？ この時代以前はどうやっていたのか？ そもそも教科書の図には謎がいっぱいだ。	江戸時代以前から西日本で使われていた「備中鍬（びっちゅうぐわ）」は，この時期急速に普及した。鉄で出来ていて重量があるため，より深く土地を耕すことが出来る。また，刃先が分かれているのは，土がつきにくいという利点のため。実った稲から米をとるには，「扱（こき）箸（ばし）」が使われていた。しかし，この方法では，一度に少しの米しか取れないので「千歯扱（せんばこき）」の普及によって，効率は大幅に向上した（省略）。
2　諸産業の発達 (1) 鉱山技術　佐渡金山・石見銀山 　→金貨や銀貨が全国に流通 (2) 林業発達（←都市の発達） (3) 水産業 　①いわし（→肥料） 　②捕鯨やかつお漁	なぜ関西でしか醤油がつくれなかったのか？ なぜ野田や銚子でつくられるようになったのか？ （なぜその地域でつくられるようになったのか？）	暖流と寒流がぶつかり合う千葉県沖合は，夏涼しく，冬暖かい，しかも湿度が高いという海洋性の気候である。そのため，こうじ菌など微生物の働きを活用する醤油づくりには適している。また，むかしから江戸という大消費地にも近く，川をさかのぼれば船で運ぶこともできる。
3　交通路の整備と海運業の整備 　←参勤交代や諸産業の発達 (1) 大阪〜江戸を結ぶ 　①菱垣廻船　木綿や油 　②樽廻船　酒 (2) 東北や北陸〜江戸・大阪 　①西廻り航路 　②東廻り航路	・参勤交代で陸上交通が発達したのだろうが，海で行った例もあるのか？　あるとしたらどこの大名か？ ・参勤交代で潤った人たちはどのような人たちなのか？ ・そもそも「菱垣」って何？ ・「樽」って何？ ・一番乗りって，勝つと何があるのか？ ・嵐にあったときの対応は？	嵐にあったら，まずは帆を降ろす→横波による転覆を避けるため，船を風波に直角にさせる→荷物を海に捨ててしまう（刎荷（はねに））→帆柱を切り倒す→後は神仏に頼む→それでもだめなら「漂流」しかない。

このように大事なポイントを抜き出し，疑問点も書き，調べ，一応解決しました。

(3) 第2ステップ

> 授業の目標を決める→導入，展開，整理の形で整理する→指導案つくり

先ほど作った表を授業の形にしていきます。

①授業の目標を決める。

例えば、「産業の発達を理解させ、そこで働く人々の苦労について考えさせよう。観点別評価基準からいうと、『知識理解／思考判断表現』重視の授業にしよう」ということを決める。教員が生徒の興味をひく小ネタを言えば興味関心をもつ生徒がでるかもしれない。さらに、絵を解読させれば資料活用にもなるだろう。

しかし、今回は『知識理解／思考判断表現』を重視しよう」という感じで、自問自答しながら目標を設定する。目標がはっきりしない授業はつまらなくなりやすいので、きちんと設定します。

②導入、展開、整理の形で整理する。

これをきちんと学習指導案（本時の展開部）にすると、以下のようになります。ここまでいけたらたいしたものですが、せめてノートに箇条書きに整理するくらいはしておきましょう。

本時の目標	江戸時代の産業の発達を理解させ、そこで働く人々の苦労について考えさせる（知識理解／思考判断表現）。		
	時間	板書事項	教員の指示・支援	予想される生徒の動き
導入	5分	なし	①前時の「鎖国」の復習をする（数人の生徒に当てて答えさせる）	①生徒の答え（朝鮮通信使・シャクシャイン・長崎の出島など）
展開1	15分	1 農業の進歩 (1) 新田開発 秀吉の頃の2倍になる。 (2) 技術の進歩→すぐれた技術が全国へ 　①備中ぐわ 　②千歯こぎ	①「稲が実っているのをみたことがあるか」を確認する（全くないようであれば写真などを見せる）。 ②教科書にある絵「農具の進歩」を見ながら「何をしていると思う？」 ③それぞれの農具の使い方をおおざっぱに説明する。 ④教科書を読ませ、内容を説明する（べにばなや菜種などを知っているか確認しながら）。 ⑤［グループ活動］教科書で存在感がある「備中ぐわ」について生徒に問う。（5分） ⑥答えを言う。「鉄でできていて重量があるため、より深く土地を耕すことが出来る。また、刃先が分かれているので、土がつきにくいという利点もあった」	①「ある、ない」 ②「わからない」「米を運んでいる」「共同作業」など。 ③生徒は聞く。 ④生徒は読み終え、板書事項を写す。質問に答える。 ⑤「先が割れているのは、刺さりやすいようにするため」、「材料の節約」など ⑥生徒は聞く。

展開2	15分	2　諸産業の発達 (1) 鉱山技術　佐渡金山・石見銀山→金貨や銀貨が全国に流通 (2) 林業発達（←都市の発達） (3) 水産業 　①いわし（→肥料） 　②捕鯨やかつお漁	①大判小判に注目しながら生徒に教科書を読ませ，地図を見ながらポイントを板書する。 ②挿絵「捕鯨の様子」の中にいる漁民の数を数えさせてもいい。そして，今の捕鯨とのちがいについて簡単に説明する。 ③［グループ活動］では，野田や銚子で醤油がつくられるようになったのはなぜだろうか（5分） ④答えをいう「暖流と寒流がぶつかり合うこのあたりは，夏涼しく冬暖かい，しかも湿度が高いという海洋性の気候である。だから，こうじ菌など微生物の働きを活用する醤油づくりには適している。また，むかしから江戸という大消費地にも近く，川をさかのぼれば船で運ぶこともできるという利点があったから」（地理的要件をよく説明する）	①説明を聞きながら，写す。 ②数をかぞえ，絶体絶命なクジラの様子をみる。 ③話し合い（5分）→生徒の答え「江戸に近かったから新鮮でいい」「海に近いから」「キッコーマンがあったから」「わからん」など。 ④説明を聞く。
展開3	10分	3　交通路の整備と海運業の整備←参勤交代や諸産業の発達 (1) 大阪〜江戸を結ぶ 　①菱垣廻船　木綿や油 　②樽廻船　酒 (2) 東北や北陸〜江戸・大阪 　①西廻り航路 　②東廻り航路	①生徒に教科書を読ませ，地図でルートを確認しながらポイントを板書する（菱垣廻船や樽廻船などを丁寧に説明する）。 ②「遭難しそうになったらどうするか」 ③教員の熱演（まずは帆を降ろす→横波による転覆を避けるため，船を風波に直角にさせる→荷物を海に捨ててしまう（刎荷(はねに)）→帆柱を切り倒す→後は神仏に頼む→だめなら「漂流」	①教科書を読み，板書を写す。 ②生徒「逃げる」「死ぬ」「祈る」「泳ぐ」など答える。 ③（おそらく）喜んでみている。
まとめ	5分		①「それぞれの産業でいろいろな苦労があった。工夫もみられた」と確認する。 ②次回の予告	①②生徒は聞いている。

（4）実際に話すであろうこと（話しことば）

　これを実際の授業でやったとしたらどのような感じになるでしょうか。（3）の学習指導案ではかたい表現になっていますが，私が実際にやったらこんな感じになると思います。ここでは生徒の反応は省略します（生徒の声は想像してください）。

導入 （5分）	前回は「鎖国」についてやったね→さて，教科書に「身近な地域に現在も伝わっている特産物を調べ，簡単に説明しよう」って書いてある→古くからある物ってなんだろう？　切り干し大根，ホタテの貝柱，みかん，こけし，民芸品とかいろいろあるね→そういうものは昔からあるんだねえ。じゃあ，江戸時代とくにどんな産業が発達していったのか，みていこうか。
展開1 （15分）	1　農業の進歩 　絵を見ながら，板書していく（板書ばかりしていると飽きてくるので，調べたことをところどころで話す。大掛かりにせず単発の質問にする）→存在をしっかり主張している「備中ぐわ」の絵に注目→「くわ」を使ったことがあるひと！　→ちらほら→よく見て，なぜ先がわかれてるんだろう？　→グループで軽く話しあってください（3分）。
展開2 （15分）	2　諸産業の発達 「大判小判いいねえ」とか言いながら話をすすめる→板書進行，地名の場所を確認しながら→野田や銚子でなぜ醤油なんだろう？　話し合ってごらん（5分）→産業に影響を及ぼす地理的条件を考えさせる。
展開3 （10分）	3　交通路の整備と海運業の整備 「菱垣」の意味や「樽」廻船の意味を説明（文字を分解して説明）→もちろん木造だよね→嵐にあったらどうする？→逃げる→遭難の有様を調べたことを教員が思いっきり演じる（こんなことになっちゃうんだねえ）。
まとめ （5分）	4　まとめ　こんな感じで，当時の人たちはいろいろ苦労しながら仕事をしていたんだねえ。その他の産業でもいろいろあったろうねえ（以下は，その時の雰囲気で選択する）。 　　　じゃあ○○さん，今日の感想をいってごらん。 　　　じゃあ，今日の授業をふりかえって，ノートの下に自分のことばでまとめてごらん 　　　書いたものを隣の人に読んで発表してごらん。 　　　時間があったら調べておいてね。 　　　調べておいてね，試験で出すからね（たぶんやるが，採点が大変……）。

やってみよう！10 ──「急いで授業を作れ！」

標準時間　120分（延長は一回まででプラス30分）

　実際に「準備時間制限つきの授業」を作ってみましょう。ステップ1とステップ2をやってみましょう。時間を区切らないと必死にならないので，120分でやりましょう。

記録 「急いで授業をつくれ！」

【ステップ1】　ポイントを整理→疑問点を出す→調べる

ポイント（板書事項）	疑問点（教員自らが抱く）	調べた結果

III 授業設計編

【ステップ2】「学習指導案」にする。

		板書事項	教員の指示・支援	予想される生徒の動き
導入	分			
展開1	分			

展開2	分			
まとめ	分			

実施日（　）年（　）月（　）日	がんばった度（　　　）％
感想	

　相当疲れたと思います。ここでは解説はありません。
　ここまでが授業設計についての話でした。次はいよいよ「社会科教育法」らしい内容になります。

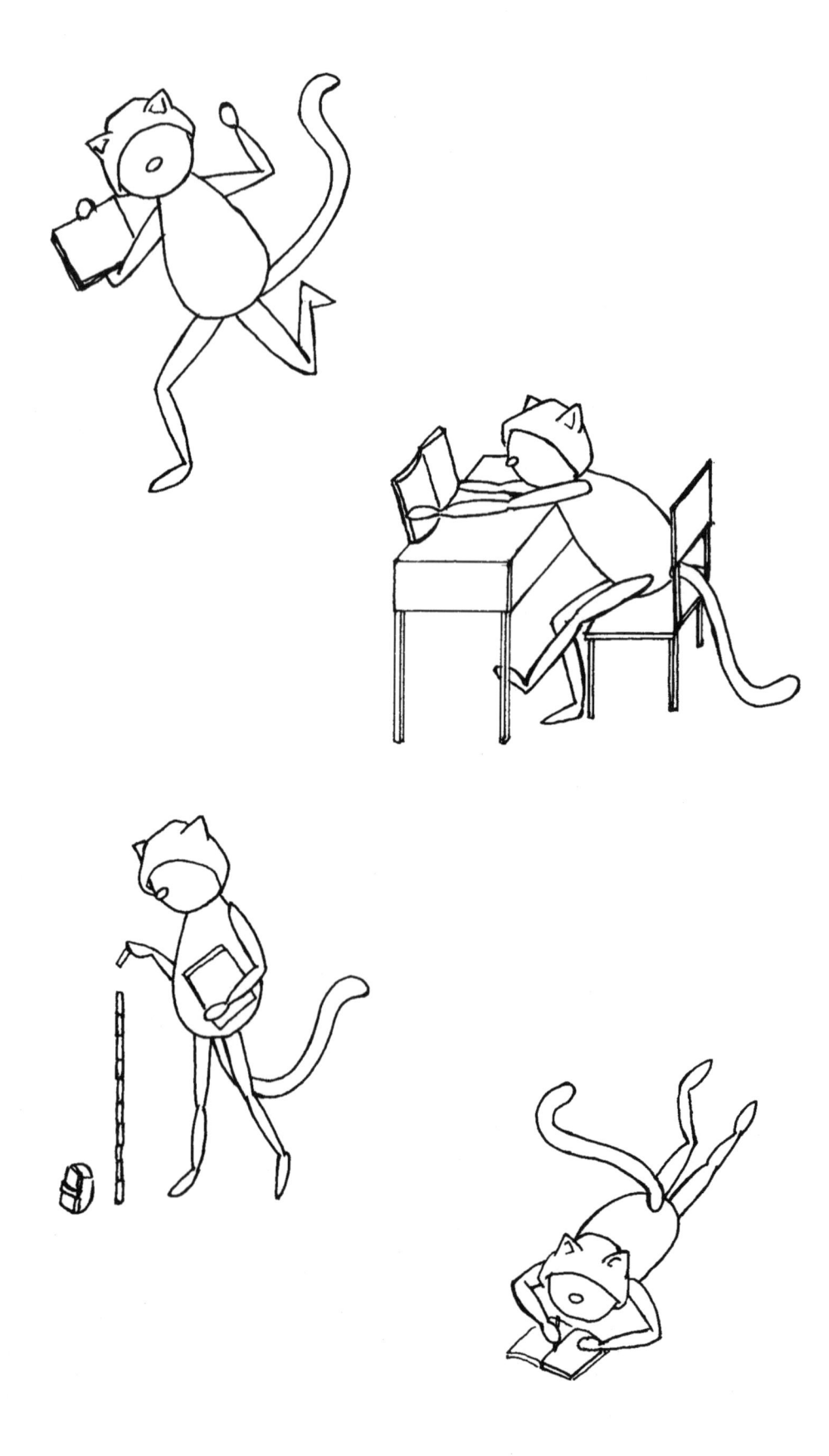

【Ⅳ 社会科原理編】
まじめとあそびの間

　ここからは,「社会科学習指導要領」,そして「地理とは？　歴史とは？　公民とは？」を考えてみましょう。やっと社会科教育法の本らしくなってきた感じでしょうか？

　一般的な社会科教育法の本でも,大学の教科教育法の授業でも,学習指導要領の変遷や現行の学習指導要領の内容について説明されることが多く,とても大切なところとされています。

　「まじめ」というのは,きちんと学習指導要領の流れをおさえるという意味です。「あそび」というのは,地理,歴史,公民的分野の内容を混ぜてみることで,つまりちょっとしたあそび心をもつことで,社会科を見つめ直してみようということです。

> 第11回　社会科学習指導要領のお話（自分でやってみる編）
> 第12回　社会科学習指導要領のお話（前編）
> 第13回　社会科学習指導要領のお話（後編）
> 第14回　そもそも地理・歴史・公民とは何か？

　第11回は,自力で学習指導要領の変遷をたどってみましょう。大変な作業ですが,これをやってから12回,13回に進むと「なるほど」ということになります。

　第12回と第13回は,第11回で作った自分なりの表を見ながら読んでください。ここは完全に読み物です。しかしそれだけではつまらないので,私の趣味を若干反映させました。

　第14回は,地理的分野,歴史的分野,公民的分野とは何を扱い,何を学ばせるものなのかということを見つめ直してみたいと思います。もちろん学習指導要領に目標や内容として書いてありますが,ちょっとかわった趣向で臨みたいと思います。

第11回　社会科学習指導要領のお話
　　　　　（自分でやってみる編）
——「少し大変だが挑戦してみよう」

(1) 何のためにやるのか

　私は大学の授業で，昭和22年に初めて出された学習指導要領から現行のものにいたるまでの移り変わりを自分たちでみてみようという授業を行っています。もちろん，一人でやるのは大変ですから，分担して行っています（グループワーク）。各時代の学習指導要領で強調されている用語（「重要じゃないかな」と思うことば）を抜き書きし，それを黒板に書いていく。

　黒板に書かれたものを一覧したときは壮観です（写真がないのが残念……）。なぜならば戦後の社会科教育ヒストリーを一覧できるからです。学習指導要領の説明を先生から一方的に聞かされるより，苦労する分きっと頭に残りますのでやってみましょう！

　では，多少間違っていてもかまいませんので大胆にやってみましょう。学習指導要領の文字データは，「文部科学省　学習指導要領」とインターネットで検索すると出てきます。もちろん無料です。最新のものは簡単に入手できますが昔のものを入手するのは大変でしょうから，これが手っ取り早いです（2012年3月現在）。

【小中学校2008年／高等学校2009年版】
http://www.mext.go.jp/a_menu/shotou/new-cs/youryou/index.htm
【それ以前のもの】
http://www.nier.go.jp/guideline/index.htm

(2) 一つの分野だけでもやってみましょう

やってみよう！11
——「学習指導要領のキーワードを書く」

標準時間　240分（一人でやった場合）

　戦後の社会科学習指導要領をすべて手に入れ，その中から重要だと思われるキーワードを抜き書きしましょう。地理，歴史，公民的分野のどれでもいいです。元気な人は3分野を制覇してください。もちろん友達と協力してやってもかまいません。

＊初期の社会科は，地理・歴史・公民と分かれていません。それぞれ地理，歴史，公民らしいなあと思うものを抜粋してください（1958年からは告示）。

記録 「学習指導要領のキーワードを書く」

【　　　　　　　】分野

発表年	ポイント
昭和22年 (1947)	
昭和26年 (1951)	
昭和30年 (1955)	
昭和33年 (1958)	

Ⅳ　社会科原理編

昭和44年 (1969)	
昭和52年 (1977)	
平成元年 (1989)	
平成10年 (1998)	
平成20年 (2008)	

やってみよう！【11】の解説

　お疲れさまでした。一人でやった人は「拷問じゃないか」と思ったかもしれません。それくらい大変だったはずです。

　さて，私は初期の２つが理想に燃えていて好みです。現行のものとは若干違う雰囲気をもっています。もちろん今が悪いということではありません。実際にやった学生も「こんな指導要領があったんだ」と喜んでいました。

　参考までに，解答代わりに過去に学生が作ったものを掲載しておきます。模範解答とは違います。次の第 12，13 回で説明しますので，以下のものを参考程度に見ておいてください。これは学生がつくったものです。足りないところがあると思いますが，ここで大切なのは，自分でやってみることなのです。

【地理】

昭和 22 年 (1947)	問題解決するための経験／生徒自ら向上しようとする意志／他教科との融合／学校の委員会活動などとの関係／地図・グラフ・図表の理解表現／新聞・雑誌・ラジオからの情報収集／農場工場などを訪問／他文化理解／知識量だけではない／予備知識のテスト／主観客観の両方を含んだ包括的評価／生徒の行動の記録をとり，単元の最後に進歩の記録をつける／新憲法や日本についての学習
昭和 26 年 (1951)	民主主義のありがたみ／日本に対する愛国心／それぞれの文化の尊重／言語等は違っても同じ人間であること／生活圏／地域社会の学習資料を有効に利用することで地域社会の特色を生かす／民主主義／相互依存関係／単元
昭和 30 年 (1955)	政治的・経済的・社会的・国際的観点が強い／内容が精選された反面，公民的要素が増えた／地理的術語・人物の道徳を減らした／単元組織から分野への試み→しかし，分かれてはいるが厳密ではないと思われる／各地域の特徴／地図統計を用いる／実験場としての授業／世界の結合／日本の国際的地位／日本と関係の深い国／国際社会の観点からの地理（公民的要素強い）／日本の特色や問題を重視／衣食住を超えた内容／現代社会っぽい／事象理解・比較・関連性
昭和 33 年 (1958)	郷土や国家に対する愛情／自然利用による生活向上／国家群の対立と国際情勢の把握／第 3 世界についての理解／国土開発と資源の保全／産業活動の発展／地図の理解と表現／郷土学習／事象の具体的理解
昭和 44 年 (1969)	経済発展（国の発展に寄与することを強調／各地域の日本全体において果たす役割／国土を高度かつ合理的に利用する）・国際社会・国際協力（国際社会について考え，その中での一員としての日本を意識させる／我が国の産業や貿易が国際分業の中で果たしている役割）・都市化（地方の役割や様々な一般的共通性を意識させる／都市化が進むにつれて人口分布に著しい偏りがあらわれてきた／密集地域

	と希薄地域）・自然の利用（自然に対してはこれを適切に開発し保全する／人間の生活と関係の深い自然意義）
昭和52年 （1977）	自然環境を理解／地域の特色（日本・世界）／国際関係／国際協力／国土保全／国民生活／地理的な見方考え方／地方的特殊性と一般的共通性／資料を活用し多面的考察／資源や産業
平成元年 （1989）	世界を大観／資料／比較・観察・調査／多様性多面的／地球儀・世界地図・分布図／人間の活動と自然の変化／地理的な見方考え方／歴史的背景・公民的分野との結び付き／国際社会・国際化／自分の住む地域／一般的共通性／北方領土（我が国の領土である）
平成10年 （1998）	地域的特色をとらえるための視点や方法／地理的見方考え方／地方的特殊性と一般的共通性／地域調査などの具体的な活動／地球儀や世界地図を活用／大観／地理的なまとめ方や発表の方法の基礎を身につける／国内の諸地域の特色を追究／自然環境から見た日本／人口から見た日本の地域的特色／世界と比べた日本／少子化・高齢化／過疎過密／環境やエネルギーに関する課題／特色ある生活文化／世界的視野／地理的技能／歴史的背景／地域的特色／地歴公民の連携／都道府県名および都道府県庁所在地／都道府県規模よりも細かな事象には深入りしない
平成20年 （2008）	我が国の国土及び世界の諸地域／地域的特色や地域の課題をとらえさせる／地方的特殊性と一般的共通性／地域調査など具体的な活動／日本を大観／自然環境と防災／地歴公の関連／地図を十分に活用／都道府県名および都道府県庁所在地／自分の解釈を加えて論述したり，意見交換したりするなどの学習活動を充実／産業・環境問題・人口都市村落・生活文化・交通などの結びつき／都道府県名および都道府県庁所在地

【歴史】

年	ポイント
昭和22年 （1947）	方法論が多い／グループに分かれてそれぞれが調べクラスに報告する／文書・口頭・劇・講義・討論／強化の教材を融合する／日本の工業時代はその歴史的・地理的・経済的・社会的な諸部門をの相互連関において学習されること／ばらばらな形式的な知識を集めたものではなく人間の経験を組織立てたもの／いたずらに記憶している内容を盛り込んだものとして用いられてはならない／教材内容の詮索に深入りしない／単元を生徒の現在の生活に関係させて，時代の問題としての重要性を約説すること／過去の文化遺産をどのようにうけついでいるのか
昭和26年 （1951）	正しい理解／科学的・合理的分析／批判的に取扱う／日本史を世界史の観点でとらえる／国際協調／人間性の把握／礼儀正しく／原始社会・古代社会・封建社会を経て近代社会へと発展し，それぞれの社会は本質的に相違することを理解／誤った授業法を正す
昭和30年	生活史からの学習／多様な視点からの学習活動／古い時代のものが残っているこ

(1955)	とを反省，悪い点を除去していこうとする積極的態度を養う／日本史主体／昔の生活と現在の生活との比較／日本史：世界史＝７：３／総合的・発展的学習	
昭和33年 (1958)	知識の精選→大きな流れ／総合的な学習／世界平和／戦争のもたらした人類の不幸／国民的心情の育成／新しい文化の創造・発展／伝統的文化への気づき／我が国の立場を公正に判断／社会問題の発生／自然環境に対する働きかけ／実地調査／具体的なイメージをつかむ	
昭和44年 (1969)	広い視野で歴史の流れを大観，変化に気づく／遺跡などの見学→具体的に知る／歴史の中の日本をめぐる国際関係→国際協調の精神／文化・技術・科学・先人の偉業・文化遺産／原子力時代／年表・地図などの資料の活用／読み物・伝記などを読む習慣／日本人としての自覚	
昭和52年 (1977)	我が国の歴史を世界の歴史を背景に理解（日本と世界の歴史を重ねる）／地理的条件にも関心を持たせながら理解させる／明治以降の内容を重視／国民としての自覚を育てる（国民・国家）／人物学習（先人の業績を学ばせる）／国際協調の精神／戦争体験・国際平和・復興への人材育成／国際的地位／文化財の見学調査	
平成元年 (1989)	資料の有効活用／多角的な考察力と公正な判断力／文化・伝統の特色理解／世界の情勢を背景に／歴史上の人物や文化遺産の尊重／生徒の興味関心／身近な地域の歴史や人物／文化・生活の変化／深入りしない・あらまし・大きな流れ／理解させる・着目させる	
平成10年 (1998)	我が国の歴史に対する愛情／国民としての自覚／国際協調の精神／多面的・多角的／考察・理解・判断／表現する能力・態度／文化（学問・思想）／民俗学／博物館・郷土資料館などの見学・調査／深入りを避ける／文化遺産／歴史上の人物（生き方・役割・背景）／現在との結び付き／国家の仕組み／地理的分野・公民的分野との関係／身近な地域の歴史	
平成20年 (2008)	歴史の大きな流れ／世界の歴史を背景／我が国の歴史に体する愛情／人々のために尽くした人物と遺産を尊重／外国と日本の歴史のつながり／国際協調／身近な地域の歴史を多面的に考察表現する／課題を設けて追究したり意見交換／地理的公民的分野との連携／博物館，郷土資料館などの施設を見学・調査／他の時代との共通点や相違点	

【公民】

年	ポイント
昭和22年 (1947)	教師・生徒が目標をつくり学習する／新聞ラジオなどから探し，内容を詮索しない／実用的な技能・態度／グラフ・統計表／共同生活・生命財産・都市生活／分団（グループ）学習・討議・発表／社会・民主主義／自己評価／地方政治団体の観察／生徒の自治組織
昭和26年 (1951)	政治史や戦争の歴史を主体としたものであってはならない／生徒を立派な民主的社会人として成長させる／現実の問題に応用する能力を養う／重要な政治的，社

	会的問題に対して関心を養う／合理的に解決する能力／民主的方法の意義を体得／自己の公正な意見を組み立てるために有効に使用する技能を育てる／地域社会・国・国際間などの時事的出来事の利用／自己自身の判断力を養う／ニュース・掲示板を設ける
昭和30年 (1955)	文化の愛護と鑑賞／文化の国際性／人間相互の関係／世界平和の実現／民主主義／豊かな心情（正直・勇気・正義・独立心）／学習内容の精選／人間としての社会的責任／問題の平和的解決／自国と他国を愛する／人権の尊重／資料の活用／批判的な解釈
昭和33年 (1958)	民主主義／個人の自由や平等の保障／資本主義経済／人権の尊重／世界の平和／国際的視野／核兵器の認識／人間は本来社会的な存在／文化の向上／公正な判断／職場における人間関係の改善／余暇の利用／社会構成の変化／自由経済と経済の計画化（社会主義経済も）／生産・流通・消費の相互関係の理解／具体的に理解させる
昭和44年 (1969)	個人の尊厳と人権の意義／法・社会規範／平和主義／国際理解／国民の福祉の増進／民主主義／地歴との関連性／視聴覚的教材の活用／社会の向上を目指す探求心，態度，主体性／公正な判断力／公民として必要な基礎的教養／具体例を挙げ公民への親近感をもたせる工夫
昭和52年 (1977)	国民主権／民主主義／個人の役割についての理解／国民主権を担う公民として必要な基礎的教養／社会諸問題に着目，自ら考えようとする態度／国際協調の精神／自国を愛する／資料にもとづいて公正に判断しようとする態度と能力／両性の本質的平等／我が国文化の伝統に関心をもたせる／公害の防止／環境の保全／企業などの社会的責任／世界には資本主義経済の他に社会主義経済を建前とする国がある／核兵器の脅威に着目／平和への熱意／地理および歴史の学習成果の活用／細かいことに深入りしない／教育基本法8条
平成元年 (1989)	民主主義に関する理解・国民主権を担う公民として必要な基礎的教養／経済生活・現代社会における個人の役割／国際協調の精神／資料にもとづいてさまざまな角度から考察（作業的・体験的・身近な消費生活を中心に）／国際協力／租税・納税の義務／高齢化・都市化・産業構造の変化／経済の国際化の進展／日本国憲法の基本的な考え方を中心に，条文解釈に深入りしない
平成10年 (1998)	公民として必要な基礎的教養／個人の尊厳／人権尊重（両性の本質的平等など）／個人と社会との関わり（地域社会・市場経済が基本的な考え方）／世界平和・人類の福祉／環境エネルギー問題／国際協力・国際社会における日本の役割／自国を愛する／自国の平和と繁栄／国旗国歌の意義／広い視野，地歴との関連／社会の諸問題を自ら考えようとする態度／調査や討論／現代の社会的事象に対する関心をたかめる／資料を適切に収集・選択し，事実を正確に捉え公正に判断／網羅的で高度な取り扱いにならないようにする

| 平成20年
(2008) | 個人の尊厳と人権の尊重／民主主義に関する理解／公民として必要な基礎的教養を培う／経済活動との関わり／自ら考えようとする態度／世界平和の実現と人類の福祉の増大／各国民が協力し合う／自国を愛し，その平和と繁栄を図ることが大切／資料を適切に収集，選択して多面的・多角的に考察し表現する能力と態度 |

　いかがですか？　なんだかわからないけれど，壮観でしょう？　かなり荒削りですが，だいたいの流れは見えています。では，12，13回に進みましょう。

実施日（　）年（　）月（　）日	がんばった度　（　　　　）％
感想	

第12回　社会科学習指導要領のお話（前編）——「誕生／理想／詰め込み」

　第11回では自分なりに学習指導要領を調べましたので，第12，13回では教科書らしい説明をします。ある意味でこの回は，他の社会科教育法の本と同じです。しかし，それではつまらないので，その年に何があったのか，どのような有名人が誕生，逝去したのかをのせておきました。これは完全に私の趣味で，たぶん採用試験には出ません。

　さて，今の日本では学習指導要領に教科の目標や内容等が基準として定められており，法的拘束力を有するものとされています。とても大切なものですからその変遷を概観してみましょう。

　これからの流れは中学校の流れを見ていきます。したがって，改訂年は中学校のものになっています。

(1) 社会科創設まで

　1945年8月日本はポツダム宣言を受諾し連合国に降伏しました。その占領の中心となったのがGHQですが，さしあたって9月に文部省より「新日本建設ノ基本方針」が出され，その中で軍国主義を払拭し平和国家を目指す旨が掲げられました。
　1945年10月にGHQは「日本教育制度ニ対スル管理政策」を指令します。これによって軍国主義的・超国家主義的イデオロギーを排除し，教育課程を再検討することになりました。
　同年12月「修身，日本歴史及ビ地理停止ニ関スル件」が出され，1946年3月には，GHQの要請により来日した「アメリカ教育使節団」が，これまでの知識注入的な日本の教育のあり方を厳しく批判し，生徒の自主的な討論や調査の重視，生活に密着した学習の編成を提起しました。これは社会科の性格に大きな影響を与えるものとなりました。

(2) 初期社会科（1947・1951年版）

　社会科は1947年4月に戦後民主教育を代表する教科としてスタートします。
　1947年版と1951年版の社会科学習指導要領は，主体的探求活動，子どもの自主性，総合性，問題解決学習といった特徴を持っています。生徒が主体的に考え，知識を取り入れ，自分なりに認識を深め，態度能力を身につけていく，ということが目指されました。

①最初の学習指導要領（1947年）

	発表	実施	科目
小学校	1947年	1947年	社会
中学校			社会（国史を含む）
高等学校		1948年	（1947年4月では）社会（必修），東洋史，西洋史，人文地理，時事問題 （ただし，1948年10月教科課程改正により）一般社会（必修），国史，世界史，人文地理，時事問題

　1947年に小学校を対象とした『学習指導要領社会科編Ⅰ（試案）』が，次に，中学校を主な対象とし高等学校は概要が記された『同Ⅱ（試案）』が出され，社会科の内容がはじめて明示されました。「試案」とついている意味は，教師が授業を実践するときの「手引き」として学習指導要領を用い，授業においては教員の自主性こそが大切ということを表しています。もちろん現在の学習指導要領に「試案」の文字はありません。

　具体的には，合理的に判断すること，情報を集めて自分の考えを立てる能力を育てる面と，社会連帯の意識を強め共同生活の進歩に貢献し社会人として行動する態度を育成することが目指されました。

　生活そのもの，自分たちのまわりのことを学習単元として教材化し，生徒たちはそこにある諸問題の解決に取り組む（「問題解決学習」）ことを通して，歴史や地理，政治や，経済等の知識を総合的に身につけていくのが社会科でした。知識注入主義のような授業は否定され，自主的な討論や調査といった経験（「経験主義」）が重視されました。

　小学校（第1～6学年）・中学校（第7～9学年）・高校1年（第10学年）にいたるまで一貫して社会（一般社会）がおかれていました。中2・3で「国史」，高2・3で「東洋史」「西洋史」「人文地理」「時事問題」が設置されました。

【1947年】いのしし年　日本の人口　約7200万人
（主な出来事）教育基本法と学校教育法施行（訓導は教諭となった）／第1回参議院議員選挙／第23回衆議院議員選挙／日本国憲法施行（公布は1946年11月3日）／マーシャルプラン（アメリカ）／最高裁判所発足／パキスタンとインドが分離独立／小学校でローマ字教育が始まる／小中学校は校舎が不足していた　（誕生）北野武（ビートたけし），西田敏行，シュワルツネッガー，森進一，星野仙一，アニマル浜口，泉ピン子，ヒラリークリントンなど　（死去）織田作之助，ヘンリーフォード，幸田露伴，横光利一等

　敗戦から立ち上がろうとする日本が，制度作りを必死でやっていることがわかります。その一つとして教育もあるわけです。フォードとかアルカポネとか，私にとってももは

や歴史上の人物ですね。幸田露伴は文学史で習った。そんなときに作成されたのが1947年版でした。

②第1次改訂（1951年）

	発表	実施	科目
小学校	1951年	1951年	社会
中学校			社会（日本史を含む）
高等学校			一般社会（必修），日本史，世界史，人文地理，時事問題

　1951年版は，1947年版をさらに徹底させようとしたものであり，1951年版とほぼ同じ流れのなかにあります。一般社会という科目が中心で，中2・3の国史が「日本史」となり，高2・3では「世界史」「日本史」「人文地理」「時事問題」が置かれました。

　しかしながら，1947年版と1951年版によって「調べたことを発表」のような授業が増えてしまい「基本的な知識が生徒に定着していないのではないか」という不満が出てくることになります。

> 【1951年】うさぎ年　日本の人口　約8400万人
> 第1回NHK紅白歌合戦／マッカーサーがトルーマン大統領によって突然解任され帰国／「メダカの学校」発売／サンフランシスコ講和条約（Treaty of Peace with Japan；52カ国；1952年発効）／日米安全保障条約（Security Treaty Between the United States and Japan）（誕生）あだち充，山本リンダ，押井守，三宅裕司，浅田次郎，笑福亭鶴瓶等　（死去）アンドレジッド，ポルシェ，ウィトゲンシュタイン，原民喜，林芙美子，宮本百合子等

　マッカーサーが帰りました。「サンフランシスコ対日講和条約」，「日米安全保障条約」は歴史の教科書の太文字クラスですね。アンドレジッド，林芙美子を知らない人は調べておいてください。ポルシェはあの車のポルシェです。

(3) 系統主義の復活（1955・1958・1969年版）

　1950年朝鮮戦争が勃発し，第2次アメリカ教育使節団が再来日します。共産主義勢力に対抗するために日本の教育を再度見直すことになりました。1951年にはサンフランシスコ講和条約が締結されたことから，日本は国際社会への復活と同時に日米安保体制に組み込まれることとなり，いわゆる西側の一員として国際社会を歩んできました。つまり，日本はアメリカ側，つまり西側の体制に組み込まれることになったのです。

　そうした流れがありながら，国内では「社会科はアメリカのカリキュラムの焼き直し

にすぎない」という声があがり日本の国情にあったものに改めるべきとの論も出てきます。また「経験ばかりが重視されて，知識が断片的に扱われている」，「調査のまねごとはやめるべき」との声もでてきました。こうしたことをうけて，これらの改訂がなされることになります。

　これまでの社会科が総合的と特徴づけられるならば，この3つの学習指導要領の特徴は「系統的（系統主義）」といわれます。「系統」というのは，ある順序にしたがったつながりのことです。もっとわかりやすく言うと，これまでの社会科はある問題をみつけてそれを解決することが経験を通してめざされ，その時の解決手段が地理であったり，歴史であったり，公民であったりしたのです。「どこからどこまでが地理なのか，歴史なのか……」はそれほど重視されていませんでした。

　そうではなく地理とはこういうもの，歴史とはこういうもの，公民とはこういうものとはっきりさせて学習しましょうとなったのです。これを系統的に学習する，つまり系統主義といいます。戦前も分かれていましたので「復活」ということばを使いました。

①第2次改訂（1955年）　(注意) 社会科のみの改訂

	発表	実施	科目
小学校	1955年	1956年	社会
中学校			社会（ただし，分野に分かれた）
高等学校	1956年		社会（必修），日本史，世界史，人文地理

　中学校社会科は高校のように分化されていませんでしたが，地理的分野，歴史的分野，政治・経済・社会的分野に再構成され，小学校よりもある程度系統だって教えることになりました。高等学校では一般社会と時事問題が統合され「社会」となり，日本史，世界史，人文地理の4つで編成されました。中学校以上は系統的に分化させて教えることになりました。

【1955年】ひつじ年　日本の人口　約9000万人
アジア・アフリカ会議開催／ワルシャワ条約機構設立／『広辞苑』刊行／「55年体制」（自由民主党と日本社会党）始まる／ディズニーランド開園（カリフォルニア州）／ラッセル─アインシュタイン声明／現行のアルミニウム「1円玉」発行／全国の多くの小中学校では「虫下し」を飲ませていた（寄生虫対策）　(誕生) ニコラサルコジ（仏第5共和政第6代大統領），高橋惠子，矢野顕子，スティーブジョブズ，竹内まりや，ブルースウィルス，鳥山明，千代の富士，郷ひろみ，ラサール石井，ビルゲイツ，松山千春，福島瑞穂など　(死去) 坂口安吾，A・フレミング（ペニシリン発見），アインシュタイン，トーマスマン，フェルナンレジェ，ジェームズディーン等

　スティーブジョブズとビルゲイツが誕生，アインシュタインが亡くなる……なんだかすごい年ですね。

②第3次改訂（1958年）

	告示	実施	科目
小学校	1958年	1961年	社会
中学校		1962年	社会
高等学校	1960年	1963年	倫理・社会，政治・経済，日本史，世界史A，世界史B，人文地理A，人文地理B

　とても大きなことがおきます。これまで「手引き」的な扱いであった学習指導要領が教育課程の「基準」となり官報で「告示」される形をとることで法的拘束力をもつことになりました。当然「試案」という文字は消えました。「ご参考までに」から「従いなさい」にかわったのです。

　中学校では「ザブトン型カリキュラム」が確立されます。ザブトン型とは，第1学年では地理的分野について，第2学年では歴史的分野について，第3学年では政治・経済・社会的分野についてそれぞれ学習させることです。総合から分化へ，問題解決学習から系統学習へという方向性が前改訂よりも明確に打ち出されることになりました。高等学校でも科目の分化が進み「社会」が「倫理・社会」と「政治・経済」に分かれ，世界史と地理はA（3単位）とB（4単位）がもうけられました。

【1958年】 いぬ年　日本の人口約9100万人　大卒初任給13,467円
長嶋茂雄が巨人に入団／関門国道トンネル開通（3461メートル）／チキンラーメン発売（35円）／東京タワー（日本電波塔）完成／フラフープ発売（大人向け270円）／野球盤発売／皇太子（現在の天皇陛下）が婚約　（誕生）東野圭吾，萬田久子，原辰徳，マドンナ，ティムバートン，マイケルジャクソン，樋口可南子など　（死去）横山大観，ルオー，石井柏亭等

　原辰徳，マイケルジャクソン，マドンナは同い年なのですね。東京タワーは1957年6月着工で1958年12月23日オープンしたので，1年半で建てたみたいです。

③第4次改訂（1969，小学校は1968年）

	告示	実施	科目
小学校	1968年	1971年	社会
中学校	1969年	1972年	社会
高等学校	1970年	1973年	倫理・社会，政治・経済，日本史，世界史A，世界史B，人文地理A，人文地理B

　高度経済成長によって，日本が1968年にGNPが世界第2位になります。国民の生活水準が向上し，産業界からはより質の高い労働力が要求されはじめます。こうしたこ

とをうけて，教育課程審議会は「目標の明確化と内容の精選」という2つの柱をたて，公民的資質を養うことが社会科にとっては大切であるとしました。内容についても観察，思考力や資料活用能力を育成することが示されました。教育内容が難しくなったと言えます。この傾向は次の改訂で本格化します。

この1969年版では，地歴並行学習である「パイ型カリキュラム」（1，2年生で地理と歴史を平行学習し，3年生で公民を学習するスタイルです（「π」という文字に似ていることから，こうよばれています）。

また，政治・経済・社会が「公民」と名称変更されます。これは中学校社会科では公民的資質の基礎を養うという目標があったため，これらの名称変更と同時に，3学年に公民的分野がおかれました。このときにはじめて中学校で「公民」という名称が用いられました。

しかし，こうした知識重視の傾向が過剰になってしまい，いわゆる「つめこみ教育」となってしまって，その弊害がでてくることになります。

【1969年】とり年　日本の人口約1億10万人　大卒30,290円
東大安田講堂占拠（同年の東大入試中止）／人類初の月面着陸／「水戸黄門」放送開始（〜2011年）／三沢高校と松山商が延長18回の上引き分け再試合／テレビアニメ「サザエさん」放送開始（〜2012年3月現在放送中）／巨人の金田正一投手400勝／日産自動車「フェアレディZ」発売／佐藤栄作首相訪米により1972年に沖縄返還合意／「アポロチョコ」発売等　（誕生）福山雅治，山口智充，武豊，森高千里，曙太郎，槇原敬之，橋下徹，キャサリンゼタジョーンズ，山瀬まみ等　（死去）ヤスパース，アイゼンハワー米34代大統領，アドルノ，ホーチミン，伊藤整，獅子文六等

長寿番組「水戸黄門」と「サザエさん」が同じ年にスタートしています。水戸黄門は終わってしまったようですが，サザエさんがまだがんばっているので，こんなことなら水戸黄門にももう少しがんばってほしかったですね。

[まぎらわしい審議会（ご参考までに）]
中央教育審議会（1952〜現在）　中教審ともいう。文部科学省に置かれている審議会のことで，文部科学大臣の諮問に応じて教育やスポーツ振興のための大切なことを調査審議し，大臣に答申する。
教育課程審議会（1950〜2001）　かつて文部科学省にあった審議会で，教育課程について審議していた。中央省庁の改革によって，2001年中央教育審議会に統合された。
臨時教育審議会（1983〜87年）
中曽根康弘内閣総理大臣の諮問機関だった。政府の立場から幅広く教育問題を扱った。大学入学資格の弾力化，学習指導要領の大綱化，秋期入学制，文部省の機構改革など教育全体に渡るさまざまな施策が実施。
教育刷新委員会（1946〜52年）　内閣総理大臣直属の委員会で，戦後の教育制度改革を審議した。1949年に教育刷新審議会と改称後，1952年に廃止された。

第13回 社会科学習指導要領のお話（後編）――「ゆとり・生きる力」

(1)「ゆとり教育」へ（1977・1989年版）

　先の改訂では「内容の精選」が目指されたにもかかわらず，大事なことだけを教えようということにはなりませんでした。

　その背後には，特にアメリカからの「教育の現代化」といわれる一連の教育の動向のためでした。現代化というよりも，内容の高度化，レベルアップと言った方がわかりやすいかもしれません。知識をどんどん教え込むというスタイルになってしまったのです。いわゆる「詰め込み教育」，「知育偏重」が加速し，それに輪をかけて受験戦争も激しくなっていったのです。みなさんも聞いたことがあるでしょうが，「落ちこぼれ」ということばがこの時代の教育を象徴的に表すことになりました。その落ちこぼれた生徒たちは非行へと走ったひとも多かったのです。窓ガラスを割ったり，校内暴力があったり，大変な状況になっていたことは，私の身の回りにはありませんでしたが，ニュースでは見たり聞いたりしました。

　この知育偏重の教育が「児童生徒の調和的発達をおろそかにしている」，「勉強勉強で人間としてこのままでいいのか。知徳体バランスのとれた発達が必要じゃないか」と言われるようになります。

　そこで，教育課程審議会は1976年「人間性豊かな児童生徒」，「ゆとりある充実した学校生活」，「基礎的・基本的な内容の重視」の3点をあげ時間数の削減の方向性を打ち出しました。この答申にそって1977年新学習指導要領が告示されます。

①第5次改訂（1977年）

	告示	実施	科目
小学校	1977年	1980年	社会
中学校		1981年	社会
高等学校	1978年	1982年	現代社会，日本史，世界史，地理，倫理，政治・経済

　具体的には，第1に知識伝達よりも考えて正しく判断できる力を伸ばそうとしました。つまり「つめこみ」に対する反省ですね。

　第2に，ゆとりある充実した学校生活のために「ゆとりの時間」が設定されました。新しい時間がうまれたので，社会科（各教科も）の時間数は削減されました。例えば，小学校4・5・6年生では週4時間配当だったのが3時間に，中学校では3年生で週5

時間あったのが，2時間になりました。

　第3に，高等学校への進学率が1974年には90％をこえていたため，小中高一貫した社会科が必要なのではないかとの考えがうまれ，高校1年までの10年間共通した内容を児童生徒に学ばせることになりました。この結果うまれたのが，高等学校の「現代社会」です。「現代社会」は，知識を注入するだけではなく，現代社会の諸問題を解決していこうとする性格をもちました。世界史が登場するまで必修科目だった「現代社会」は1年生に置かれていました。

【1977年】へび年　日本の人口　約1140万人
大学入試センター誕生／北海道有珠山爆発／王貞治が756号本塁打達成（2日後国民栄誉賞第1号）／日航機ハイジャック事件／「幸福の黄色いハンカチ」公開／アメリカで「スターウォーズ」と「未知との遭遇」公開（日本では1978年）／国立教育研究所が小中高校生「暗記はよいが思考力が弱い」と発表／中学生の38％が塾通い／　国立大学授業料が5割増しになり14.4万円になる　（誕生）北川悠仁（ゆず），香取慎吾，松たか子，猫ひろし，菅野美穂，氷川きよし，安室奈美恵など　（死去）田中絹代，木戸幸一，チャップリン，プレスリー，マリアカラス，小原國芳等

　王貞治の本塁打記録はよく覚えています。チャップリンとプレスリーは同じ年に亡くなったのですね，知りませんでした。私の生まれ故郷には映画館がなかったので，スターウォーズはあまりよく知りませんでしたね。有珠山が噴火した時，私は近くを旅行中でした。火山灰が列車の窓にこびりついてしまい，停車してしまったことをよく覚えています。

②第6次改訂（1989年）

	告示	実施	科目
小学校	1989年	1992年	社会（3～6年）
中学校		1993年	社会
高等学校		1994年	地理歴史科（世界史A，世界史B，日本史A，日本史B，地理A，地理B） 公民科（現代社会，倫理，政治・経済）

　社会科の制度において戦後最大の改編となりました。

　当時，国際化，情報化，高齢化，価値観の多様化といわれることばが頻繁に聞かれるようになりました。1977年に学習指導要領が改訂されたにもかかわらず，すぐには校内暴力やいじめといった教育問題はなくなりませんでした。
　そこで，1984年臨時教育審議会（1984～87年）が，校内暴力やいじめの問題といった教育問題を解決するべく，中曽根内閣によって設置されました（戦後教育の総決算）。

その臨教審は最終答申で「個性重視の原則」,「生涯学習体系への移行」,「国際社会への貢献」,「情報社会への対応」を今後の教育の柱とすべきとの提言を出し解散します。社会科については，1986年に出された2次答申で，小学校低学年での教科統合をめざすことと，中等教育段階の社会科のあり方を問いなおすということを提言しました。

この臨教審の最終答申をうけて，教育課程審議会が1987年に「豊かな心をもち，たくましく生きる人間の育成」,「自ら学ぶ意欲と社会の変化に対応できる能力の育成（いわゆる「新しい学力観」)」,「国民として必要とされる基礎的・基本的な内容を重視し，個性を生かす教育」,「国際理解を深め，我が国の文化と伝統を尊重する態度の育成」をうちだしました。

中学校社会科はそれほどでもないのですが，小学校と高等学校では大きく変わってしまいます。小学校1・2年で社会科が廃止され，「生活科」が新設され，高校社会科が地理歴史科と公民科に再編されたのです。

中学校社会科では，1977年版から続いていた世界地理先習を継続し，地域や国から3つ程度選んで学ぶものとなりました。世界全般を教えるのではなく，いくつか選んで教えることになったのです。

この1989年の改訂はかなり大きな改革なので，中学校には関係ありませんが説明します。

第1に，小学校低学年における社会科と理科を廃止し「生活科」が新設されました。生活科では，児童が「見る，作る，調べる，探す，育てる，遊ぶ」などの具体的体験を重視した学習活動を展開することが目指されました。

第2に，臨教審答申の「個性重視の原則」をうけて，中学校にける選択履修の拡大がなされた。具体的には3学年の公民的分野の授業時間が105時間から70～105時間とされ，その減った分で選択「社会」が置かれました。「社会」では，生徒の特性に応じて分野間にわたる学習，見学調査，作業学習などを工夫して行うことが目指されました。

第3に，高校の社会科が解体され，「地理歴史科」と「公民科」に再編されました。さらに高校の必修科目が「現代社会」ではなく，「世界史」にかわりました。

第4に，道徳教育の充実と「生き方」教育が重視されました。これは，いじめや校内暴力といった教育問題をうけてなされたもので，社会科においても公民科「倫理」においても「人間としての在り方生き方についての理解と思索を深めさせる」などが見られることになります。

第5に，国際化への対応については学習指導要領に「国際社会に生きる」ということばが頻繁に見られるようになります。日本国民を育成しつつ，国際人をも育てることが目指されることになるのです。小学校中学年でも「地域の生活が国内の他地域だけではなく，外国とも関わりがあることに気づかせるよう配慮」することが求められ，小学

校高学年では「我が国と経済や文化などの面でつながりが深い国」を数カ国取り上げて指導することになりました。

【1989年】へび年　日本の人口 約1億1220万人　大卒初任給 16万5102円
昭和天皇崩御／「平成」に改元／消費税スタート（3%）／美空ひばりが死去／ベルリンの壁崩壊　／日本企業がロックフェラービルやコロンビア映画などを買収（いわゆるバブルの時代）／国連で「子どもの権利条約」採択／亜細亜大学で一芸一能入試実施　（誕生）内村航平，多部未華子など　（死去）サルバドール・ダリ，芥川也寸志，手塚治虫，色川武大，松下幸之助，相沢忠洋（岩宿遺跡），カラヤン，開高健，田河水泡（「のらくろ」），A・サハロフ，古関裕而，松田優作等

　昭和天皇崩御，ベルリンの壁崩壊，美空ひばり逝去，手塚治虫も亡くなります。時代が大きくかわる感じがしました。このとき消費税はまだ3%でした。芥川也寸志は，芥川龍之介の三男で，作曲家・指揮者です。もはや生まれた人がわからなくなってきています。私にとっては知らない人ばかりになってきました。

③第7次改訂（1998年）

	告示	実施	科目
小学校	1998年	2002年	社会（3～6年）
中学校			社会
高等学校	1999年	2003年	地理歴史科（世界史A，世界史B，日本史A，日本史B，地理A，地理B） 公民科（現代社会，倫理，政治・経済）

　2002年度から実施される完全週休二日制への対応と，児童生徒にゆとりの中で「生きる力」を育成することを目指して改訂されました。「生きる力」とは，1996年の中央教育審議会によると，「自分で課題をみつけ，自ら学び，自ら考え，主体的に判断し，行動し，よりよく解決する能力」，「自らを律しつつ，他人と協調し，他人を思いやる心や感動する心など豊かな人間性」，「たくましく生きるための健康と体力」をバランスよく育てることだそうです。
　この中央教育審議会の答申をうけて，1998年教育課程審議会は「豊かな人間性や社会性，国際社会に生きる日本人としての自覚を育成する」，「自ら学び，自ら考える力を育成すること」，「ゆとりのある教育活動を展開する中で，基礎・基本の確実な定着を図り，個性を生かす教育を充実」，「各学校が創意工夫を生かし特色ある教育，特色ある学校づくりを進める」ことが目指されます。
　小学校3年生から高等学校3年生までに設置された「総合的な学習の時間」は，「自ら課題をみつけ，自ら学び，自ら考え，主体的に判断し，よりよく問題を解決する資質や能力を育てること」，「学び方やものの考え方を身につけ，問題の解決や探求活動に主

体的，創造的に取り組む態度を育て，自己の生き方を考えることができるようにすること」がねらいとされました。

　先述しましたが，社会科については第1に，授業時間数が削減され教育内容が精選されました。完全学校5日制への対応と「総合的な学習」の設置のために，時間数が削減されたのです。教育内容の精選もすすめられおおよそ3割程度の内容が削減されました。中学校では，地理的分野においてはこれまで行われていた日本と世界の地誌学習はなくなり「二つまたは三つの都道府県や国を事例として」学ぶことになりました。歴史的分野では，古代，中世，近世，近現代と大きな枠組みの中で内容をとらえるようになりました。公民的分野では，国際政治や国際経済のような高度な内容は，高等学校の公民科へ移されました。

　第2に，中学校における選択幅の拡大です。第6次改訂において設置された「社会」は3学年に限定されていましたが，1，2年でも履修できるようになりました。

　第3に，中学校ではπ型（地歴平行学習）が原則として維持されました。

　第4に，高等学校では従来通り「世界史A」「世界史B」「日本史A」「日本史B」「地理A」「地理B」の6科目で編成されました。Aは2単位，Bは4単位です。

【1998年】とら年　日本の人口1億2600万人　大卒初任給
奈良県で「三角縁神獣鏡」が発見／郵便番号が7桁になる／長野冬季オリンピック（2月7〜22日；パラリンピックは3月5〜14日）／明石海峡大橋開通（3911m）／インドとパキスタンが核実験／千葉大学で飛び入学（17歳の大学生）乙武洋匡『五体不満足』出版／宇多田ヒカルデビュー／など　(誕生)「もはやわたしの限界です。子役ばかりです」　(死去) 福井謙一（ノーベル賞），石ノ森章太郎，ポルポト，堀田善衛，黒澤明，ナリタブライアン（競走馬），犬養孝，淀川長治，白洲正子等

(2)「ゆとり教育の修正と生きる力の継続」

——第8次改訂（2008年版）

	告示	実施	科目
小学校	2008年	2011年	社会（3〜6）
中学校		2012年	社会
高等学校	2009年	2013年	地理歴史科（世界史A，世界史B，日本史A，日本史B，地理A，地理B） 公民科（現代社会，倫理，政治・経済）

①全体的傾向

引き続き「生きる力」が踏襲されています。「生きる力」とは，確かな学力，豊かな心，健やかな体の，「知・徳・体」をバランスよく育て，変化の激しいこれからの社会を生きることができる力のことです。以下の3つを指します。

- 「確かな学力」基礎的な知識・技能を習得し，それらを活用して，自ら考え，判断し，表現することにより，さまざまな問題に積極的に対応し，解決する力。
- 「豊かな人間性」自らを律しつつ，他人とともに協調し，他人を思いやる心や感動する心などの豊かな人間性」。
- 「健やかな体」たくましく生きるための健康や体力。

「確かな学力」をもう少し詳しく言うと，これは習得した知識や技能を「活用」する力のことで，さらにはそれを「探求し深めていく」力です。活用とは，習得した知識技能を言語として表現し，まとめる。さらにまとめたものを思考判断し，批判し，因果関係（関連）を考え，新たな知識に構成したりして，さらに深く探求していくために備えるのです。

この確かな学力を確立するために，必要な授業時数の確保（「総合的な学習の時間」削減），学習意欲の向上や学習習慣の確立（授業時数の増加，土曜日の活用）が行われます。さらに，言語活動の充実，理数教育の充実，伝統や文化に関する教育の充実，道徳教育の充実，体験活動の充実，小学校における外国語活動（必修化）などが行われます。

②中学校社会科の内容

中学校社会科では「表現し参画する社会科」が目指されます。具体的には，多面的多角的に考察し公正に判断すること，基本的知識を習得させそれらを活用し課題をみつけ探求する力を習得すること，伝統文化宗教を理解し愛情をはぐくむこと，国際社会で主体的に生き持続可能な社会をめざし自ら参画していくことです。具体的には以下のようなことがあげられます。

- 第1，2学年を通じて地理的分野と歴史的分野を並行して学習させることを原則とし，第3学年において歴史的分野及び公民的分野を学習させる。
- 小学校と中学校社会科の授業時数が増加し，3年（70），4年（85→90），5年（90→100），6年（100→105），中学校1，2年は同じ地理的分野（105→120）歴史的分野（105→120）公民的分野（85→100）と増えました。
- 情報モラルの指導にも配慮する。

Ⅳ　社会科原理編

以下，中学校での内容のポイントを箇条書きしておきます。

地理的分野
①世界のさまざまな地域（地球儀や世界地図を活用／地域構成を大観／世界の人々の生活や環境の多様性や変化／州の地域的特色／主題を設けて調査）
②日本のさまざまな地域（日本の地域構成を大観／地球儀や世界地図を活用／世界と比べる《自然環境災害防災・産業とエネルギー・通信物流》／日本の諸地域の特色《自然環境と生活・歴史的背景・産業と地理的条件その変化・環境保全・過疎過密・都市化国際化と伝統文化・結びつきながら変容》／地域調査《地域の課題をみつけ地域社会形成に参画する態度》）

歴史的分野
①歴史のとらえ方（歴史上の人物出来事を調べ考える／時代区分を理解／身近な歴史と国の歴史の関わり／各時代の特色）
②古代までの日本（東アジア文明と我が国の国家形成／大陸文化の導入と国家形成）
③中世の日本（武家政治の特色と東アジアとの関わり／武士や民衆の文化）
④近世の日本（統一事業と対外関係／江戸幕府の政治の特徴／町人文化と各地方の文化／江戸幕府の行き詰まりの背景）
⑤近代の日本と世界（欧米諸国のアジア進出／新政府による改革と生活の変化／我が国の国際的地位の向上／第一次大戦前後の国際情勢と国際平和への努力／第二次世界大戦の惨禍）
⑥現代の日本と世界（国際社会の動向と日本の建設／我が国国民生活の向上と役割の拡大）

公民的分野
①私たちと現代社会（私たちが生きる現代社会と文化《少子高齢化，情報化，グローバル化，我が国の文化の継承と創造の意義》／現代社会をとらえる見方や考え方《物事の決定の仕方，きまりの意義，個人の尊厳と両性の本質的平等，契約の重要性》）
②私たちと経済（市場の働きと経済《身近な消費生活／市場経済の基本的な考え方／企業の役割と責任／勤労の権利と義務，労働組合の意義及び労働基準法の精神》／国民の生活と政府の役割《市場の働きにゆだねることが難しい諸問題に対応／財政の役割／国民の納税の義務》）
③私たちと政治（人間の尊重と日本国憲法の基本的原則《基本的人権／法の意義／基本的人権の尊重，国民主権及び平和主義／天皇の地位と天皇の国事に関する行為》／民主政治と政治参加《地方自治の基本的な考え方／自治意識の基礎を育てる／国会／政党／議会制民主主義／多数決の原理／公正な裁判／世論の形成や国民の政治参加／選挙》）

④私たちと国際社会の諸課題（世界平和と人類の福祉の増大《国際協調／国際連合／日本国憲法の平和主義／我が国の安全と防衛及び国際貢献／世界平和を確立するための熱意と協力の態度を育てる》／よりよい社会を目指して《持続可能な社会を形成／解決すべき課題を探究させ，自分の考えをまとめさせる》）

　新学習指導要領は，中学生は 2004 年度から始まりました。高等学校は 2005 年度からです。新しい学習指導要領はうまくいくのでしょうか。

【2008 年】ねずみ年　日本の人口 1 億 2700 万人
北京オリンピック／「リーマンショック」／バラクオバマが第 44 代アメリカ合衆国大統領に当選　（誕生）「小さすぎて…わかりません」（死去）市川崑，アーサー・C・クラーク，石井桃子，リンリン（パンダ），赤塚不二夫，緒形拳，筑紫哲也，ソルジェニーツィン等

　固い話が続きました。まさに，社会科教育法の「王道」のような第 13 回でした。疲れましたね。したがって，【やってみよう】は無しです。

実施日（　）年（　）月（　）日	がんばった度（　　　　）%
感想	

第14回 そもそも地理・歴史・公民とは何か？
——「混ぜてはっきりすることもある」

　第14回は，ちょっとレベルが高いような，遊びのような，そんな感じの回です。
　私は大学の授業で「地理・歴史・公民を融合した授業を作ろう」をやっています。
　科目を横断した授業を作ることは，今の教育の流れとは逆行するようなことなのですが，おもしろいのでやってみましょう。
　（そんなことはないか。指導要領では，地理・歴史・公民連携して教えなさいといっているので，いいかもしれませんね）

(1) 自分のことばで表現してみよう

　そもそも地理，歴史，公民（的分野）とは，どんな目標・内容等をもっているのでしょうか？　そのことを確認しなければ混ぜることもできません。
　もちろん学習指導要領にそういったことは書いてあります。「納得するもしないも，そう書いてあるのだからいいじゃないか」，「もう第12，13回でやったじゃないか」と思うかもしれません。しかし，本書も終盤となり「地理とは？　歴史とは？　公民とは？」を自分なりに考えてみませんか？

やってみよう！14（その1）
——「地理，歴史，公民とは何だろう？」

標準時間　30分

　地理（教育）とは，歴史（教育）とは，公民（教育）とは何だろう？　学習指導要領を見ないで，自分のことばで思いつく限りたくさん書いてください。ぱっと頭に思い浮かんだことをそのまま書いてください。

記録「地理, 歴史, 公民とはなんだろう？」

地理	歴史	公民

やってみよう！14（その1）の解説

　どうでしょうか。たくさん書けましたか？　いざ考えてみるとなかなか出てこなかったかもしれません。以下は学生たちが作ったものです。みなさんが考えたものと同じものはあるでしょうか。もちろんここでは正解というものはありません。下線をつけたものは例年学生がよく挙げるものです。これらが自分たちの考える「地理とは……」，「歴史とは……」，「公民とは……」ということになります。

【地理】	【歴史】	【公民】
広い視野，ローカルな視点	今日までの過程を学ぶ（時間の流れ）	生活と結びつきがある（身近なテーマ）
暗記になりやすい		行動に変える
論理的側面	過ちを繰り返さない	自分の考えを持つ
作業（地図を描く）	将来を作る土台	市民としての自覚
地図活用・地図帳	多様な解釈	生きる力を育てる
実物	実物・視聴覚	切り口が多様
国際理解	主観が入りやすい	新聞やニュース（時事問題）
一つの地域を多面的に見る	同時代史	ルール
地域調査	資料集（絵など）	愛国心
自然環境（地形・気候）	時系列	IT
文化・宗教	年表	民主主義
領土問題	温故知新	人権
グローバルな視点	郷土フィールドワーク	ディベート
相対化	ロマン	憲法・政治経済
ネットワーク	民衆史	ともに生きる
視覚的	人物学習	

　これをやっただけでも，それぞれの分野の目標，内容などを見つめ直すことになったと思います。では，地理・歴史・公民の特徴をとらえた上でそれぞれを混ぜてみましょうか。混ぜるって一体どういうことなのか？　次に進みましょう。

(2) 混ぜてみましょう

では簡単そうで難しく，つまらなさそうで面白いことをやってみましょう。

やってみよう！14（その2）
——「地理，歴史，公民が混ざった授業を作ろう」
標準時間　120分
①地理と歴史が混ざり合った授業②歴史と公民が混ざり合った授業③公民と地理が混ざり合った授業を考えてみましょう。どれか一つでかまいません。授業の展開案を作ってみましょう。どこが地理なのか，歴史なのか，公民なのかを意識して作ることがポイントです。

記録「地理，歴史，公民が混ざった授業を作ろう」

過程	時間	教師の指導・支援	生徒の活動	地・歴・公
導入				
展開1				

Ⅳ　社会科原理編

展開2			
まとめ			

やってみよう！14（その2）の解説

　これは相当レベルが高いことで，なかなかうまくいかなかったかもしれません。私が意識して地理と歴史を混ぜてみた授業を実践したことがありますので紹介します。

①私が実践したもの（中2対象）

　歴史の授業で地理の視点を取り入れた授業です。明治時代で富岡製糸場がでてきますが，地理的手法（地図作業）をとりいれてみた授業実践で中学2年生に実践しました。

過程	時間	教師の指導・支援	留意事項	地・歴
導入	2分	【生糸と日本経済】「明治の輸出品目の割合（円グラフ）」を拡大した模造紙を黒板に掲示し，貿易額における生糸の占める割合を確認する。	今日の日本の輸出品と比較させ，その違いを理解させる。	歴史
展開1	15分	【どうして官営工場は群馬県に造られたのか】（グループ討論1）①生糸の原料は何か（→蚕繭）②生糸を作る模範工場が，群馬県富岡にあったことを確認する。③日本を支える製糸工場が，東京でも横浜でも大阪でもなく，どうして群馬に作られたのだろうか？（当時の状況を想像させる）。	①蚕繭の実物をみせる（触らせてもいい）②各グループの意見を黒板に書く（群馬県では原料である蚕をたくさん育てていたからという意見が多く出るだろう）。	歴史
展開2	15分	【本当に群馬県で蚕繭がたくさん作られていたのだろうか】（作業）①1つのグループが6～7の県を担当し明治時代の蚕繭生産量の分布地図を作成する。②各グループの地図を黒板に貼る（全部そろうと日本地図が出来上がる）。③地図をみて分布状況で気がつくことを言わせる。	生徒は①～③の作業を通して群馬県よりも長野県のほうが多いことを知る。	地理

IV　社会科原理編

展開3	15分	【どうして官営工場は群馬県に造られたのか】（グループ討論2） ①グループで再度このテーマについて考えさせる。 ②各グループの意見を聞きながら板書していく。 ③自然条件だけではなく，社会条件にも気づかせる。	②水がよかった，燃料があった等の意見を導きだす。 ③外国人を受け入れていけた県民性などについても言及する。	地理
まとめ	3分	【確認】 ①自然条件や社会条件がからみあって製糸工場は富岡に立地した。 ②現在製糸業は盛んではないことや，世界遺産登録の活動に言及する。	①歴史上のできごとに地理的なことが大きく関わっていることに気づかせる。	

（注）このような授業を作りました。この指導案は先ほど説明した書式と違っています。当時（今から5年くらい前）は，こういうふうに書いていました。

②学生が作ったもの（次のアイディアは中学生を対象にしていますが，高校生向けかもしれません。私のものより立派です。）

「地理的分野において，持続可能な社会のために，これからのエネルギー（代替エネルギー）を考えようという学習をする際に，『太陽光発電で世界中の電力をまかなうためには，地理的にどこに太陽光パネルを設置すればよいかを考えさせる』としよう。『砂漠は太陽にあたるところが多いし，人口密度もそれほどでもないし，サハラ砂漠につくったらよい』という意見が出た。実際そういう構想はあるという。しかしながら，その構想が進まないのはどうしてか。『お金の問題ではないか？』となればサハラ砂漠地域にある国々の国家予算を調べたり，国際協力のODAの金額などを調べたりすればよい。これは公民的分野の参照である。また，『歴史的問題があるのではないか？』となれば，歴史的分野をひもとけばよい。例えば，『中東の歴史には石油危機というものがあった。この歴史的意義のひとつとしてあげられることは，先進国とよばれる国々のエネルギーは中東に依存しているということである』，『この反省から原子力発電の推進につながった』と進めてもいいし，『この延長線上に現代があるわけだから，石油資源だけでなく新しいエネルギーもまた中東諸国に握られることへの先進国の懸念が働いているのではないか』などと考察することが可能である。」

実施日（　）年（　）月（　）日	がんばった度（　　　　）％
感想	

【Ⅴ ゴール編】
ここまでよく来ました

長い道のりをお疲れさまでした。もはや何も語ることはありません。あとは「えい！」という思い切りの良さ（開き直り）そして自信をもって模擬授業をやってください。

第15回　模擬授業（その2）──「いよいよ最後です」

第15回　模擬授業（その2）
──「いよいよ最後です」

（1）集大成としての授業

　最後の模擬授業をやりましょう。最初の模擬授業は25分程度でしたが，今度は50分で行います。おそれることはありません。逆に大学の90分の授業になれているおかげで，あっという間に終わってしまうかもしれません。

　とにかくこれまでに学んだことを総動員して，作るところから実践するところまで模擬授業をしてください。

　もはや教えることは何もない！　やってみましょう！

やってみよう！15 ──「最後の模擬授業を行う」

標準時間　220分（授業を作る時間）120分＋（授業）50分＋（反省会）50分

　50分間の模擬授業を実践しなさい。地理・歴史・公民的分野どれでも結構です。

①学習指導案を作ります。
②模擬授業を行います。
③検討会をします（友達に見てもらい感想を述べてもらう）。
④一人で実施した場合は，ビデオ録画（または録音）したものを見直します。

　いよいよ総まとめです。がんばってください！

第 　 学年　　組　社会科（　　　　的分野）　学習指導案

平成　　年　　月　　日
教育実習生
指導教諭

1　日時
2　クラスの様子

3　単元名
4　本単元の目標

5　本単元の指導計画

6　本時の指導計画
(1)　本時の目標

(2)　使用教材

Ⅴ　ゴール編

(3) 本時の展開

過程	時間	教師の指導・支援	生徒の活動	評価
導入				
展開1				
展開2				
まとめ	5分			

(4) 本時の評価

【やった直後の感想を書き残しておきましょう。特に，最初にやった授業との違いを書いておきましょう。見てくれた人のコメントも書きましょう】

実施日（　）年（　）月（　）日	がんばった度（　　　　）％
感想	

(2) 最後にお伝えしたいこと

　ここまで本当におつかれさまでした。最後の模擬授業を終え，ぐったりしましたか。この本を終えるにあたり，みなさんへ私からのメッセージを5つお伝えします。

①構造的であること

　授業は，骨組みがしっかりしていて，ストーリーがあることが大切です。

　授業を作るときに，50分を最初からだらだら作っていくのではなく，導入5分，まとめ5分，残りの40分を20分ずつにわけ，それぞれに山場（言いたいこと）を作っていく。例えるならば，バッハの音楽みたいにやる（わかりにくいか……）。堅苦しいと思うかもしれませんが，最初のうちは型通りに作ってください。型がなければ，型破りの教員にはなれません。続けていくうちに，自然とその型をやぶり自分なりの味がでてきます。個性の発現です。

②臨機応変であること

　構造的にかちっと作りながら，目の前にいる生徒の現実に対応していく。無理矢理最終ゴールにむかって突き進まない。時間内に決められた内容を教えなければならないという現実的な問題があります。しかし，生徒が突発的に言ったことに反応して，横道にそれてもいいと思います。そこにドラマがあるかもしれません。

③年間を通してバランスがとれていること

　一時間一時間の授業において，資料を活用した授業を作ろう，または話し合いをメインにしよう，一方的な説明でいこう等があっていいと思います。ただ，年間を通してみて，バランスがとれた授業にすればいいのです。

　極論をいえば，文字だけ話し言葉だけというのではなく，社会科なのに身体を使ったり，世の中の音に耳を澄ませたり，一年間の中でいろいろな観点から授業作りをするのがいいのではないかと思っています。「授業方法の多様性」ということでしょうか。したがって，社会科の教員でも，数学や国語，英語，音楽などいろいろな授業を見せてもらって，ユニークな授業を作ったらいいと思います。

④教育現場こそすべてである

　教育書や教育学の思想を学んで，それを現実の授業や生徒に当てはめようとすることがあるかもしれません。しかし，目の前にいる生徒を大切にしてください。わかりきっていることかもしれませんが，原点だと思います。逆のこともいえますが，普段の生活に流されているなと思ったら，たまには教育学の本をひもといてみるのもいいと思います。思いがけない発見があるでしょう。いずれにせよ，現場重視です。

⑤なんとかしのいでいく

　教員を続けていると，嫌なことつらいことがいろいろとあると思います。これは他の仕事においても同様ですが，理不尽なことや納得がいかないこともあるでしょう。そん

なとき，一度は下を向いてしまうのはしょうがない。しかし，一人で抱え込まないで，横をみる。そうしたら手を差し伸べてくれる同僚が必ずいます。つらいことがあっても乗り越えていってください。十代の疾風怒濤の子どもたちを相手にするのです。バラ色のはずがない。それでもやっていかなければならない。がんばれとは言いません。しのいでいきましょう。

私がお伝えしたいことは以上です。

おわりに

　この本には私の経験や性格が色濃く反映されていますので，やりにくいと感じたかたもいたでしょう。本に書き込めだの，とりあえずやれだの，この手の本ではそういうことをいちいち言わないものです。さしずめ頑固親父がやる料理店（「水を飲んじゃいけない」とか「残さず食え」とかいう「客に食べさせてやっていると思っている店」みたいになってしまいました。

　また，本来ならばこういう本は共著のスタイルをとるものです。なぜならば，書いた先生たちがそれぞれの大学で使うことになり，本がよく売れるからです。しかも先生がたの豊かで多様な考えがとりいれられて，バランスがとれたおだやかな本ができあがるからです。しかし，今回はどうしても自分だけで書きたいと思いました。おかげさまで私の考えをそのまま出すことができました。癖があるのであまり売れない本になったと思いますが，しかたがないと思っています。悲しいことですが……。

　現在私は愛知教育大学で社会科教育法を教えています。いつも感じることですが，先生になりたいと考えている人たちを教えることができるのは本当にうれしいことです。後進を育成できることは本当に幸せなことです。もちろん，私が反面教師になることもあるでしょうが，教育に興味関心のない人に語り続けるのではなく，先生になりたいと思っている人に何らかの形で関わることができるのは，実に幸福な人生だと思っています。

　さて，わがままを押し通してこの本を書いたということと，ふだんの生活は幸せであるということを申し上げて，唐突に終わりをむかえたいと思います。
　最後になりましたが，素敵なイラストを描いて下さった須﨑こうさん，これまで接してきた生徒たち，学生たち，お世話になった同僚たち，保護者のみなさま，関係各位のおかげでこの本ができあがりました。感謝申し上げます。ありがとうございました。

2012年3月3日ひなまつり
近藤裕幸

○おまけ○

　「ごあいさつ」でも言ったように，この本に記入することは大切ですが，スペースが不足する場合があると思います。その時は，以下のブログでシートなどの入手先がわかるようにしておきますので，どうぞご利用ください。

　もちろん何か質問がありましたら，お問い合わせください。できるだけお答えしたいと思います。「今度の部屋」　http://blog.goo.ne.jp/pcgmgogo28/

著者紹介

近藤裕幸（こんどう　ひろゆき）

　1966年北海道浜頓別町に生まれる。早稲田大学教育学部卒，早稲田大学教育学研究科修士課程修了。恵泉女学園中高等学校非常勤講師，芦別総合技術高等学校教諭，北海道浜頓別高等学校教諭，東京大学教育学部附属中等教育学校教諭など20年の教員生活をしつつ，東京大学（2000～2006年），早稲田大学（2006年～現在）で非常勤講師をする。2006年早稲田大学教育学研究科博士後期課程修了。博士（学術）。学位論文は「わが国旧制中学校の地理教育成立過程における地理学研究者の役割──地理科教科書の分析を通して」。2010年より愛知教育大学准教授。社会科教育，地理教育を専門とする。趣味は「猫」。

まずやってみる実践重視の中学校社会科教育法
2012年9月30日　第1刷発行　　　　　〈検印省略〉

著　者Ⓒ　近　藤　裕　幸
発行者　　本　谷　高　哲
制　作　　シナノ書籍印刷
　　　　　東京都豊島区池袋4-32-8
発行所　　梓　出　版　社
　　　　　千葉県松戸市新松戸7-65
　　　　　電話・FAX 047(344)8118

乱丁・落丁本はお取り替えいたします。
ISBN 978-4-87262-637-7　C3037